en estados de guerra

Presentado por Stephen Commins

Lecturas de Desarrollo en la Práctica

Editora de la serie: Deborah Eade

Versión Española: José Antonio Sanahuja
Fabián Chueca

Icaria

intermón

Centro de
Investigación
para la Paz

OXFAM

Fundación
HOGAR DEL EMPLEADO

© *Desarrollo en estados de guerra.*
Copyright Oxfam (Reino Unido) 1996
Traducción: Jose Antonio Sanahuja
          Fabián Chueca
Revisión técnica y edición: Jose Antonio Sanahuja
© copyright esta edición, Centro de Investigación para la Paz (CIP) de la Fundación Hogar del Empleado 1998 –Duque de Sesto, 40 • 28009 Madrid– bajo licencia de Oxfam Reino Unido 1996

Publicado por Icaria
Ausiàs Marc, 16 - 3r 2a. 08010 Barcelona

© *Development in States of War*
   Copyright Oxfam (United Kingdom) 1996
© Spanish translation: José Antonio Sanahuja
          Fabián Chueca
© This edition Centro de Investigación para la Paz (CIP) de la Fundación Hogar del Empleado 1998 under a licence agreement with Oxfam United Kingdom.

Este libro es una traducción de *Development in States of War* presentado por Stephen Commins, publicado inicialmente en el Reino Unido en 1996 en la serie *Development in Practice Readers.* Oxfam Reino Unido no se hace responsable de los puntos de vista ni opiniones expresadas en los materiales que puedan proceder de la traducción del texto inglés.

This book is a translation of *Development in States of War,* introduced by Stephens Commins, first published in the United Kingdom in 1996 in de *Development in Practice Readers series.* Oxfam United Kingdom can not be held responsible for views or opinions expressed in the material that are beyond a direct translation of the original English text.

ISBN: 84-922434-3-0
Depósito legal: M-26660-1998

Sumario

Prólogo a la edición española

Este libro trata sobre la pobreza y la guerra. Para la mayoría de las personas que lo leerán esos dos temas tienen características paradójicas: los conocen pero nunca los han experimentado. Como muchas de las realidades que nos rodean en la era de la ciencia avanzada y la comunicación, sabemos de su existencia pero no tenemos la experiencia directa. La información rápida e impactante de la televisión nos suele proporcionar un conocimiento plano, sin matices ni profundidades y, especialmente, sin complejidades. Percibimos la dificultad para entender las razones de la guerra y nos angustiamos ante los efectos de la pobreza, pero salvo que se tenga la voluntad del especialista y el tiempo del filósofo pasamos la página o nos vamos a otro mundo con el mando a distancia para huir de la impotencia.

Esta huida puede ser legítima en quienes no trabajen en cuestiones de desarrollo en sentido amplio, o en los campos de la educación y el periodismo. Pero si los conflictos armados y la pobreza entran en nuestra competencia de intereses entonces es necesario enfrentarlos con la llave de la complejidad: no hay guerra por obviedades; no existe crisis del desarrollo por razones simples y, consecuentemente, no debemos creer en soluciones fáciles para ninguno de los dos problemas.

Este libro se ocupa de la complejidad y está basado en la experiencia. Sus autores han superado la etapa de la cooperación como ayuda bienintencionada y han hecho una reflexión sobre la base implícita de que no toda ayuda y no toda cooperación es necesariamente buena. En las emergencias complejas en las que han trabajado se cruzan factores bélicos con movimientos masivos y forzosos de personas, crisis ambientales, hambrunas y, generalmente, falta de un Estado central en el lugar de la catástrofe. Para completar la complejidad, la denominada comunidad internacional, en general, tiende a la inhibición o

a complicar todavía más las cosas dado que los Estados con capacidad de intervención global o las potencias regionales ponen sus intereses por delante de los de las víctimas.

Trabajar "en la línea de fuego", como se titula uno de los capítulos, es duro. No se trata solamente de una cuestión de voluntad para soportar sino que los cooperantes que deciden correr el riesgo de la muerte para estar cerca de las víctimas deben contar con un marco de referencia en su organización: tienen que saber por qué están ahí, qué posibilidades tienen de trabajar con y por la gente del lugar, qué efectos pueden producir sus acciones.

Estas cuestiones son cruciales porque los conflictos armados en países frágiles son hoy, desafortunadamente, moneda común. La geografía de la crisis económica y del colapso del Estado coincide en numerosas oportunidades con la guerra moderna. Estos conflictos violentos actuales responden al caos: son internos pero con fuerte impacto regional; tienen múltiples actores y el Estado no es juez sino parte activa; las fronteras entre civiles y militares son poco claras y todo ciudadano se transforma, por lo tanto, en un soldado y una víctima potencial; se libran con armas ligeras, que son las que más fácilmente atraviesan fronteras porosas por las redes de contrabando y las apropiadas para que puedan usarlas niños y personas con poca educación y mal alimentadas; y los grupos en conflicto realizan alianzas con otros actores internacionales de alta peligrosidad, como los traficantes de armas o los narcotraficantes.

En los últimos años se ha establecido desde diversos foros que existe una vinculación estrecha, aunque no siempre automática, entre crisis del desarrollo y conflicto armado. La división entre cooperación al desarrollo y acción humanitaria sería, en consecuencia, ficticia. Dos enseñanzas de este libro son que al practicar la cooperación en Estados frágiles se debe contar con el factor conflicto; y que al actuar en situaciones de emergencia hay que tener en consideración que la vida económica y social continua, aunque sea en el escenario del caos.

Las necesidades de sanidad y educación al igual que la producción para la supervivencia no cesan de existir durante los conflictos armados. Los espectadores externos podemos creer, con autosatisfacción, que las víctimas de las guerras viven gracias a nuestra ayuda de emergencia que se les arroja desde aviones o se les distribuye en los campos de refugiados. Pero la otra realidad que los telediarios no tienen tiempo para relatar es que los actores de los conflictos crean una economía política de la guerra. Nuestra ayuda es sólo una parte de esa economía y, además, en algunas ocasiones distorsiona en vez de ayudar.

El fenómeno no es nuevo: para sobrevir, las personas hacen no sólo lo que saben y creen adecuado y necesario sino que tratan de adaptarse a las circunstancias. Estas son diferentes entre Afganistán y Burundi, o entre Guatemala e Indonesia. Pero desde los aviones humanitarios o sólo mirando mapas geopolíticos no se entienden las realidades locales. Las acciones exteriores o la inhibición, sea para proveer comida, medicinas o armas o para no hacer absolutamente nada pueden inclinar el conflicto en una u otra dirección. En la lucha por la supervivencia dentro de los conflictos violentos entran en juego factores como los derechos humanos, las jerarquías sociales y las estructuras de clases sociales, y el uso de la ayuda internacional como arma de guerra. Estos factores deben conocerse también para operar antes y después de los conflictos, o sea en la prevención y la reconstrucción de posguerra.

Este libro es importante para que reflexionemos en el mundo del desarrollo, la cooperación y las emergencias humanitarias. Desde el Centro de Investigación para la Paz creemos que la experiencia de los autores/as, y de la organización Oxfam será de enorme utilidad en España y América Latina porque al contenido ético se le suman en estos textos el sentido práctico. La combinación es tan impactante como necesaria.

Mariano Aguirre
Director del Centro de Investigación para la Paz

Prólogo

Deborah Eade

Hoy en día es casi una rutina comenzar un ensayo sobre las emergencias relacionadas con situaciones de conflicto declarando que en las guerras contemporáneas los combates ya no se libran en campos de batalla delimitados, sino en las ciudades, en los pueblos y en los hogares de gente ordinaria. El hecho de que el 90% de las víctimas de las guerras contemporáneas sean civiles, y el hecho de que cuatro de cada cinco refugiados y personas desplazadas sean mujeres y niños —tal vez más de cuarenta millones de personas en todo el mundo— se menciona tan frecuentemente que ya casi no nos detenemos a pensar en lo que ello significa. Se piensa que el final de la guerra fría y el colapso del bloque soviético han intensificado estas tendencias y nos han conducido al "Nuevo Desorden Mundial" y al fenómeno concomitante de las Emergencias Humanitarias Complejas (1). La ayuda humanitaria ya no se contempla como algo aislado de la política, ni los trabajadores de la ayuda son inmunes a los ataques armados cuando asisten a los civiles en las zonas de guerra. Las organizaciones, el personal de socorros y la asistencia humanitaria se han visto sometidas a controversias feroces y a veces violentas. De diversas formas, todas ellas pueden ser manipuladas para influir en el resultado del conflicto.

Las organizaciones de socorros y desarrollo más experimentadas saben —aunque a veces parecen haberlo olvidado— que las emergencias siempre han sido complejas. Hace veinte años, el terremoto que en 1976 devastó Guatemala expuso las profundas fisuras sociales, económicas y culturales de ese país, y fue la chispa que encendió una de las campañas militares contra civiles más brutales, prolongadas y absolutas en todas la violenta historia de América Latina: una cadena de acontecimientos que condujo a que se le llamara un "desastre no natural" (2). Ningún programa internacional de ayuda desde la segunda guerra mundial —sea en Europa entre 1945 y 1946, en Palestina en 1948, en Biafra entre 1968 y 1970, en Etiopía en 1974 y en 1986, o en Camboya en 1979— podrá ser descrito correctamente como "simple", tanto en términos políticos como operacionales. Así pues, puede parecer casi perverso definir ciertas emergencias como "complejas", como si las otras de alguna manera no lo fueran.

El término "emergencia compleja", sin embargo, fue acuñado en Naciones Unidas para describir las principales situaciones de crisis que de hecho han proliferado desde 1989, y que requieren una "respuesta sistémica" en las que se combina la intervención militar, actividades de implantación de la paz, programas de ayuda y diplomacia de alto nivel, entre otras acciones (3). La complejidad, en otras palabras, se refiere a la naturaleza "multi-mandato" de la respuesta internacional, así como a la naturaleza multi-causal de la emergencia; al reconocimiento del hecho de que las emergencias más importantes son necesariamente políticas y económicas —tanto en sus causas como en sus consecuencias— y nunca "simplemente" humanitarias; y se refiere a nuestro compromiso como organizaciones humanitarias dentro de esa realidad tanto como a esa misma realidad.

El mundo puede ser o no ser un lugar más complejo de lo que solía ser, pero deberíamos cuidarnos de inventar una mítica "edad de oro" de certezas morales compartidas, guerras "honestas", y la simplicidad, nunca cuestionada, de suministrar los primeros auxilios a las bajas de guerra. Pero no hay duda de que en los últimos años nuestra comprensión sobre la ubicación de la ayuda humanitaria en la escena internacional ha tenido que hacerse más inteligente y crítica. Al formular intervenciones humanitarias hemos tenido que aprender a ver por debajo de las apariencias y a escuchar aquello que no se dice. El análisis de género ofrece una útil analogía. Hace sólo en torno a una década, los trabajadores de ayuda se contentaban consultando a los jefes de un poblado o a los "líderes" comunitarios, acerca de lo que estaba sucediendo o sobre lo que pensaban que era necesario, y trazaban sus respuestas sobre esta base. En esos tiempos se consideraba que cualquier consulta de este tipo con las "víctimas" representaba un avance esclarecedor respecto a prácticas anteriores. Pero las sociedades no son una jerarquía lineal, en la que aquellos que se encuentran en la cúspide representan los intereses del conjunto, incluidos aquellos que se encuentran al final del montón. Son, por el contrario, una enmarañada red de relaciones basada tanto en la exclusión como en la inclusión, y están impregnadas con perspectivas y experiencias de vida muy diversas. Si se llega a adquirir este conocimiento, decidir cómo actuar en favor de las mujeres y la infancia, así como de los hombres, supone algo más exigente, y ciertamente en algo que lleva más tiempo. Esto no se debe a que los roles y las identidades de género se hayan hecho más complejos. Ocurre, más bien, porque tenemos —¡o deberíamos tener!— una apreciación más profunda sobre cómo éstos conforman las necesidades de las personas; y hemos aprendido que ignorar tales dinámicas de género provoca mayores daños precisamente en aquellos que precisan más apoyo. La dimensión político-militar de las emergencias tampoco es nueva, pero comprender cómo ésta influye en los programas de ayuda, representa un verdadero desafío para muchas de las creencias más profundamente arraigadas sobre la neutralidad y la justicia.

Una consecuencia lamentable de contemplar el final de la guerra fría como un punto de inflexión global para el humanitarismo es la tendencia a despreciar las experiencias anteriores como si éstas no tuvieran nada que ofrecernos hoy. Como subraya Stephen Commins en su ensayo introductorio, no hay nada más falso que esto. Si volvemos la espalda al pasado, no solamente perdemos la oportunidad de aprender de la experiencia; también podemos interpretar mal el presente. Esta recopilación de artículos de *Development in Practice*, escritos por profesionales de muy diversos procedencias y países, muestra que las intervenciones, para ser efectivas, tienen que estar siempre basadas en reconocer que las sociedades en crisis retienen y están conformadas por sus propio pasado. Un pasado que precede la llegada de la poderosa maquinaria de la ayuda internacional, la CNN o los cascos azules. Aunque pueda parecer que la supervivencia depende de la ayuda internacional, el futuro deberá ser construido por los propios supervivientes, mucho después de que se haya posado el polvo (4).

Por su naturaleza global, la guerra moderna puede hacer que su impacto sea aleatorio e impersonal, pero también muy íntimo. Desapariciones políticas, "limpieza étnicas" y violaciones masivas de los derechos humanos —sea en Guatemala, Birmania, Indonesia, Ruanda o la ex-Yugoslavia— están diseñadas para destruir una sociedad por medio del terror y el odio sistemático y para destruir a los individuos por medio del miedo, el dolor y la ausencia. Los millones de minas antipersonas esparcidas a través de los campos de arroz de Camboya o las pequeñas propiedades de Angola, aseguran que esta destrucción, cruel e indiscriminada, continuará para las generaciones venideras. Recomponer vidas y relaciones requerirá paciencia, confianza, y un inmenso coraje. Para una sociedad que ha sido desgarrada por la guerra civil , el desarrollo de una visión de la justicia y la paz compartida y sostenible se puede mostrar como algo mucho más complejo que la emergencia misma.

Deborah Eade
Editora de *Development in Practice*

Notas

1 Los términos "emergencias complejas", "emergencias políticas" o "emergencias políticas complejas" se utilizan indistintamente. Siguiendo la practica de muchas organizaciones humanitarias, aquí utilizamos el último de ellos.
2 Ver, por ejemplo, Roger Plant (1978), *Guatemala: Unnatural Disaster*, Londres, Latin American Bureau.
3 Un documento elaborado por el Departamento de Asuntos Humanitarios de Naciones Unidas, *Protection of Humanitarian Mandates in*

Conflict Situations, declara que "(...) dada la interrelación de las causas y las consecuencias de las emergencias complejas, la acción humanitaria no podrá ser totalmente efectiva si no está relacionada con una estrategia comprehensiva para la paz y la seguridad, los derechos humanos y el desarrollo económico y social".

4 La bibliografía comentada en este volumen cita varias obras que se refieren a las consecuencias para la población civil de los doce años de guerra civil en El Salvador, las cuales podrían servir como un microcosmos de la "emergencia compleja". Estas publicaciones demuestran los dilemas generales y más específicos a los que se enfrentan las políticas, así como las cuestiones prácticas implícitas en la asistencia humanitaria que se presta a la población civil, a las personas refugiadas, desplazadas y retornadas en un contexto de contrainsurgencia y hostilidad a dicha intervención. También muestran las complejidades que comporta embarcarse en la reconstrucción de postguerra en el contexto de liberalización económica posterior a la guerra fra. Ver Larkin *et al* 1991, Macdonald y Gatehouse 1995, Pearce 1986, y Thompson 1996 y 1997.

En la línea de fuego
Desarrollo en situaciones de conflicto

Stephen Commins

El continuo borroso

Las organizaciones no gubernamentales internacionales y otras entidades humanitarias han asumido, tradicionalmente, que existe una dicotomía entre las acciones de socorros y de desarrollo. Algunas veces ésta dicotomía se ha visto reforzada por la forma en la que algunas burocracias de los donantes bilaterales asignan los fondos para los programas y los proyectos. En ocasiones, tal y como ilustra el artículo de **Jonathan Goodhand** y **Peter Chamberlain** sobre las ONG en Afganistán, reimpreso en este volumen, los donantes incluso han rehusado apoyar proyectos en lo que se considera como áreas de socorros si los programas son "demasiado desarrollistas". A lo largo de la ultima década se ha ido avanzando hacia el establecimiento de vínculos claros, tanto conceptuales como operacionales, entre operaciones inicialmente de socorro y objetivos de desarrollo de más largo plazo. Efectivamente, existe ahora un lenguaje común para describir el "continuum" que existe entre las acciones de socorros y de desarrollo. Se ha mostrado que esto sirve de ayuda en contextos de inseguridad alimentaria y sequía, pero los cambios que se han producido en la naturaleza de las emergencias que requieren una respuesta humanitaria, demandan ahora el reconocimiento de que tanto la antigua dicotomía como el nuevo continuo son conceptos que pueden obscurecer más que aclarar el tema. La diferencia entre socorros y desarrollo se ha sido desdibujado substancialmente en situaciones de emergencias políticas de larga duración relacionadas con conflictos civiles. Lo que hoy es más visible es que se pueden aplicar algunas modalidades de trabajo de desarrollo para cubrir vacíos y proporcionar mecanismos estabilizadores, y que estas son realmente necesarias en situaciones de conflicto.

Un entorno transformado: nuevas aptitudes y desafíos

Las operaciones que se llevan a cabo en las emergencias relacionadas con los conflictos requieren diferentes aptitudes y marcos temporales, así como el reconocimiento de que las comunidades locales poseen sus propios recursos y prioridades, y que no son víctimas indefensas incluso en situaciones de brutalidad y sufrimiento. Las experiencias de las ONG que actúan en tales situaciones pueden proporcionar una valiosa base para ayudar a otras agencias humanitarias a identificar el potencial de desarrollo que existe dentro del conflicto, para revisar sus prioridades y su capacidad para actuar en diferentes situaciones y para plantear desafíos a las políticas a los gobiernos y a los donantes. Si no se comprenden las formas en las que el desarrollo puede producirse y se produce en medio de los conflictos, las ONG perderán la oportunidad de fortalecer a las comunidades locales. Aún mas, si el conflicto no se contempla desde una perspectiva política y/o de derechos humanos, las ONG incluso pueden, sin quererlo, reforzar a los grupos enfrentados, o bien servir como cobertura política de la falta de actuación de los gobiernos donantes.

Las ONG han comenzado a encaminarse, aunque de forma incierta, hacia una comprensión más amplia del desarrollo, la cual ya no se limita a los indicadores económicos. Han reconocido cuestiones como las relaciones sociales, las relaciones de producción y de géneros, y la gestión de capacidades humanas y de recursos naturales que tienen que ser tomados en consideración. Para poder conseguir cambios reales y duraderos, necesitan comprender el desarrollo como un concepto más inclusivo, que no puede estar contenido en el viejo continuo lineal de "socorro-rehabi-litación-desarrollo". En las nuevas concepciones del desarrollo, éste ya no depende del fin de las hostilidades, porque éstas incluyen relaciones y habilidades que también demandan atención durante el conflicto, como puede verse en experiencias de organizaciones que trabajan en lugares tan diversos como Sudán y El Salvador.

Reflexiones para lograr nuevos conocimientos

Este libro es una colección de artículos recogidos en números anteriores de *Development in Practice*, que ofrecen toda una gama de perspectivas sobre los retos a los que se enfrentan las ONG en situaciones de conflicto. A menudo, la denominación "ONG" es demasiado amplia —un colega dijo que definir estas organizaciones como "ONG" equivale a describir una mesa como "no agua"—. Pero a efectos de este artículo, el término incluye a las ONG locales, nacionales e internacionales, con un énfasis especial en el papel que desempeñan estas últimas en escenarios de conflicto. A menudo la relación entre ONG internacionales y organizaciones locales es compleja, como se aprecia claramente en varios de los artículos de este volumen. Aprender de estas experiencias no es una cuestión de buscar respuestas a preguntas simples o lineales. Estos artículos pueden mas bien ayudar a los profesionales a reconocer sus propias perspectivas y presunciones sobre el trabajo en situaciones de conflicto, sobre la importancia de incidir en las políticas de los gobiernos y las organizaciones humanitarias, sobre la necesidad de revisar las prioridades de sus propias organizaciones, y sobre cuestiones referidas a las prácticas operacionales.

Si las experiencias obtenidas desde mediados de los años setenta hasta hoy no son comprendidas adecuadamente, las ONG perderán la oportunidad de mejorar su efectividad cuando actúan en la línea de fuego. Sus objetivos podrían ser contrarios a las percepciones de la comunidad y, tal como han señalado observadores como Mary B. Anderson y John Prendergast, podrían llegar a empeorar el conflicto en lugar de aliviarlo [1]. El suministro de alimentos y otros recursos, la contratación de guardias armados, los acuerdos alcanzados con determinadas facciones políticas o la selección de regiones especificas en las que

concentrarse, son elementos que en conjunto pueden influir en los bandos en pugna e incluso sobre el probable resultado del conflicto. En un mundo en el que las situaciones de conflicto de larga duración están aumentando, los conocimientos que ofrecen estos artículos serán un valioso recurso para los profesionales.

Emergencias humanitarias complejas y "la nueva realidad"

El final de la guerra fría en 1989 parece haber creado las condiciones necesarias para provocar contiendas civiles y guerras internas [2]. Existe el riesgo de inferir que 1989 es la fecha en la que comienzan a producirse emergencias humanitarias complejas. Pero en lugar de ello, parece ser que la desaparición de los límites que las superpotencias establecieron en sus Estados clientes se ha visto acompañada por una creciente concienciación sobre la extensión de tales emergencias. Éstas se caracterizan por la ruptura del orden político, económico y social, y por hacer de la población civil el objetivo de la violencia.

Las cruentas realidades de las emergencias humanitarias complejas actuales pueden encontrarse en anteriores guerras civiles durante los años setenta y ochenta, en las cuales las ONG obtuvieron importantes experiencias. Existieron, por ejemplo, muchas emergencias significativas y brutales antes de 1989, en lugares como Afganistán, Mozambique, Camboya y El Salvador, pero la guerra fría las ocultó parcialmente, y en cierto sentido muchas fueron enmudecidas por la intervención de diversos actores externos. Lo que éstas comparten con crisis más recientes es la característica de ser emergencias políticas más que naturales. Y como tales son importantes fuentes de información y experiencias, las cuales pueden servir hoy como guía para los profesionales.

La guerra fría fue una época de atroces guerras en las que los contendientes combatían por delegación de las grandes potencias. Aunque los patrocinadores de esas guerras han sido eliminados, no ocurrió lo mismo con las armas y las causas de conflictos. El incremento de las emergencias humanitarias complejas está documentado por las crecientes cifras de refugiados, de desplazados internos, y la mayor proporción de ayuda oficial al desarrollo (AOD) que hoy se gasta en ayuda de emergencia. Un resultado del reconocimiento de las realidades de trabajar en emergencias humanitarias complejas de larga duración ha sido el replanteamiento del papel que desempeñan las ONG en estos conflictos. Las duras lecciones obtenidas de experiencias como Ruanda, Somalia y Bosnia muestran la necesidad de dar más atención por parte de las ONG a la forma de operar en dichas situaciones. El reconocimiento cada vez mayor de las dificultas que comporta actuar en situaciones de conflicto armado no debería restarle valor a las lecciones que se han aprendido en las dos décadas anteriores. Debido a la menor importancia otorgada a las cuestiones de seguridad relacionadas con la guerra fría, se ha puesto mayor atención en otros tipos de conflicto. La desintegración de varios estados africanos ha creado en algunos la impresión de que el trabajo de las ONG en situaciones de conflicto es algo bastante nuevo. Esto, sin embargo, está lejos de ser verdad, como puede verse revisando la amplia gama de experiencias de las ONG en varios conflictos de larga duración que han tenido lugar en distintos lugares del mundo antes de 1989.

Aunque ha habido un trágico aumento en el número total de emergencias humanitarias complejas en las que existe guerra y violencia, en las últimas décadas muchas ONG han adquirido una experiencia significativa en el trabajo en la línea de fuego. Como señalan los artículos sobre Sudán y El Salvador incluidos en este libro, las ONG — locales e internacionales— que han trabajado con comunidades locales en épocas de conflicto han aprendido lecciones valiosas. Otros lugares en los que se ha hecho trabajo de desarrollo a largo plazo en un contexto de conflicto han sido Etiopía, Mozambique, Afganistán y Camboya. En esta recopilación, el artículo de **Alison Joyner** sobre el trabajo en Sudán proporciona profundas reflexiones sobre la tarea de incorporar objetivos de desarrollo en el trabajo de largo plazo con poblaciones refugiadas. Como ella misma apunta, "esperar hasta después de la emergencia es demasiado tarde". En este caso, la introducción de un sistema flexible para capacitar a profesores, ofrece un enfoque para el desarrollo humano que no depende de invertir en la construcción de edificios que pudieran no sobrevivir a la guerra. Joyner indica que, incluso en conflictos prolongados, y dependiendo de la naturaleza de la guerra, las sociedades continúan "desarrollándose" a lo largo de periodos de crisis. Si las ONG pueden

también ser flexibles y móviles en sus acciones, las mejoras en la educación y la capacitación se convierten en una inversión en la gente que puede sobrevivir a la destrucción física. De esto se hacen eco también **Francisco Alvarez Solís** y **Pauline Martin** cuando escriben sobre El Salvador, concluyendo que "se ha acumulado un rica experiencia en asistencia humanitaria, educación no formal y desarrollo económico, social, y sanitario basado en la comunidad, particularmente en las áreas y comunidades más severamente afectadas por la guerra". Las propias dificultades inherentes a la valoración del impacto de la asistencia en entornos inestables nos indican la importancia que tiene la ampliación de las capacidades locales en este ámbito.

Construyendo sobre la base de las capacidades institucionales locales y el aprendizaje local

Como se indicó anteriormente, la relación entre ONG internacionales y las organizaciones locales es compleja en formas que requieren atención y respuestas sagaces. Las ONG sufren tensiones respecto al uso de los fondos y a las prioridades de sus programas, así como respecto a los problemas de subcontratación. En particular, en las situaciones de socorro ante emergencias, las ONG internacionales actúan con frecuencia como subcontratistas implícitos o explícitos de los donantes multilaterales y bilaterales. Cuando empiezan a trabajar con ONG locales o con organizaciones de base existe el peligro de que la relación se establezca en una base contractual por razones de conveniencia, debido a las presiones de tiempo y a la más amplia estructura operacional dentro de las cuales tienen que operar. Otro riesgo adicional es que la presión de "ser operativo" reduzca la capacidad de las ONG internacionales para valorar sus contrapartes potenciales. Pero la tarea de valorar la legitimidad y la responsabilidad de las diferentes organizaciones locales plantea cuestiones de gran importancia que requieren un análisis cuidadoso.

En conflictos civiles, a menudo surgen nuevos papeles para las ONG locales y las organizaciones de base, que ponen a prueba sus operaciones y capacidades. Organizaciones locales tales como los sindicatos, las iglesias, las cooperativas campesinas y los grupos de mujeres pueden verse ante la necesidad de actuar en diferentes aspectos del trabajo de socorros y rehabilitación. Esta transición puede causar dificultades cuando los conflictos decaen o cesan, tal y como señalan tanto Goodhand y Chamberlain como Álvarez Solís y Martin. De los conflictos surgen nuevas funciones, nuevas tareas y nuevas estructuras, que deben adaptarse cuando el conflicto disminuye. En la guerra civil salvadoreña surgieron muchos grupos locales para defender los recursos de la comunidad y hacerse cargo de la supervivencia; y fue realmente en respuesta a la violencia como evolucionaron nuevas formas de organización social. Este es también un recordatorio para las ONG internacionales: éstas deberían buscar como socios a las formas de organización que se generan localmente, antes que generar sus propias estructuras o proyectos. Valorando las realidades de América Central, Álvarez Solís y Martin señalan que "muchas de las ONG de la generación de los ochenta son esencialmente la expresión institucional de la población pobre urbana y rural que se organizaron para defenderse por sí mismos de la violencia y la opresión". Dadas las enormes diferencias que existen entre contextos regionales o nacionales, la capacidad o la legitimidad de las ONG locales no puede darse por sentada, y requiere una valoración sagaz y sobre el terreno por parte de las organizaciones que podrían prestarles apoyo.

El trabajo en El Salvador, Camboya, Sudán y otros países le ha dado a las ONG enseñanzas sobre, entre otras cuestiones, cómo se produce desarrollo para la supervivencia en situaciones de conflicto. La línea de separación entre "socorros" y "desarrollo" desaparece, especialmente cuando se reconoce que las poblaciones locales tienen vidas e historias que preceden a la presencia de agencias externas, tal y como recalcan James Scott y Robert Chambers. El reto para las ONG consiste en comprender la extensión geográfica y el impacto de los conflictos contemporáneos, así como el largo ciclo temporal histórico de éstos. Esto aparece claramente en el ensayo de Goodhand y Chamberlain sobre Afganistán, en donde las ONG se vieron forzadas a reconocer que su trabajo tiene lugar en situaciones de complejidad y en realidades yuxtapuestas. De la misma forma, el artículo de **Chris Roche** hace una profunda reflexión sobre las operaciones que se desarrollan en un contexto de turbulencia, y muestra la posibilidad de encontrar elementos estabilizadores que aunque no resuelven el conflicto pero que pueden ser las bases para un desarrollo futuro.

A medida que las ONG aprenden de sus experiencias en emergencias humanitarias complejas, se tienen que enfrentar a las cuestiones que plantea la mayor amplitud de sus papeles y responsabilidades, especialmente en relación con las víctimas de violencia. Ha habido una separación aceptada entre las ONG y otras organizaciones humanitarias y las políticas de la guerra y la confrontación civil. Esto ha empezado a cambiar a medida que la conducta de las ONG en las emergencias complejas se somete a un escrutinio cada vez más estrecho. La creciente presencia de ONG en contextos de conflicto de largo plazo ha suscitado preguntas de mayor calado sobre el impacto y el papel que juega cualquier organización humanitaria en tales situaciones. Se han planteado serias preguntas sobre el impacto de su acción por parte de analistas que han lanzado a las ONG el desafío de considerar la naturaleza real de su papel en operaciones multi-mandato (la bibliografía comentada de este volumen contienen varios ejemplos al respecto).

La neutralidad perdida y otras complicaciones

Mary B. Anderson ha mostrado que hay muchas formas en las que las ONG pueden exacerbar un conflicto. La introducción de recursos externos se ha interpretado a menudo como un factor que favorece a una facción contra otra, o que otorga un inestimable material que aumenta el poder de los líderes de una facción. Cuando las ONG contratan guardias o negocian acuerdos con algunos líderes en particular, pasan de un papel neutral a otro en el que pueden influir en el resultado del conflicto. Las preocupaciones de Anderson encuentran eco en la aportación de Álvarez Solís y Martin, que comentan que la contribución de las ONG en El Salvador no fueron totalmente positivas, ya que también trajeron competencia, duplicación de esfuerzos, mala planificación, falta de coordinación y en general una débil evaluación de su trabajo. Estos autores también señalan las dificultades que aparecen cuando las ONG compiten para obtener fondos, y las tensiones que surgen entre las ONG y las organizaciones populares. Un problema que afecta a muchas ONG, y no solo en situaciones de conflicto, es su creciente dependencia del "empaquetado" y "venta" de proyectos a los donantes.

Este tipo de críticas son bienvenidas y necesarias, debido a que durante los años ochenta ha existido la tendencia a generalizar sobre los atributos de las ONG, sin que existiera la misma actitud a la hora de cuestionar la calidad de su trabajo. Las ONG se encuentran sometidas a un creciente escrutinio en lo relativo a su legitimidad, responsabilidad y eficiencia (3). Es necesario evaluar su impacto y determinar cómo puede lograrse el equilibrio entre su responsabilidad para con las poblaciones locales y los requerimientos de los diferentes donantes de los programas de las ONG. También se requiere responsabilidad y rendir cuentas ante las ONG tienen que responder a los rigurosos cuestionamientos políticos que surgen en las situaciones de conflicto.

La organización African Rights ha elaborado críticas mordaces respecto a las deficiencias de las organizaciones internacionales en Somalia, Sudán y Ruanda. Su documento de discusión *¿Humanitarismo sin límites?* cuestiona el papel de las organizaciones humanitarias y se pregunta si existe un nuevo imperialismo y una actitud de arrogancia en aquellos que piden actuaciones militares o "intervenciones humanitarias" como una solución rápida para las emergencias complejas (4). La cuestión que emerge desde esta críticas y desde el conjunto de la bibliografía es si es que el humanitarismo no conoce límites o se ha liberado de complicaciones. Las ONG, ¿han reclamado la intervención a causa de su arrogancia, o más bien como resultado de su incertidumbre sobre qué hacer en situaciones de conflicto?

Riesgos para la seguridad, violencia y trauma psicosocial

Si las ONG aceptan que están trabajando en contextos de emergencia de naturaleza política, y que a menudo éstos implican violencia deliberada y generalizada contra los civiles, no deberían permanecer en el silencio. Sin embargo, no siempre está claro cómo deberían expresar sus preocupaciones sobre los derechos humanos y las cuestiones políticas. **Alex de Waal**, coautor de muchos informes de African Rights, señala en este volumen que el punto de entrada de las preocupaciones sobre los derechos humanos durante las hambrunas puede ser la denegación de alimentos a la población civil, dado que los derechos políticos son cruciales para luchar contra el hambre (5). **Miloon Kothari** hace un planteamiento similar al observar que las expulsiones forzadas y el desarraigo de pueblos y comunidades se ha convertido en un aspecto recurrente de los conflictos y de los juegos de poder de los gobiernos. La brutalidad que se ejerce contra la población civil, por hambre o desplazamiento forzoso, exige una clara función de defensa a nivel político por parte de las ONG, de la misma forma que se proporcionan socorros inmediatos.

Mientras las ONG se esfuerzan para encontrar maneras de afrontar los dilemas referidos a los derechos humanos y a las cuestiones políticas en situaciones de conflicto, también tienen que afrontar el precio que la violencia impone en el plano emocional tanto en propios trabajadores como en las poblaciones civiles. Un influyente ensayo de Hugo Slim sobre "camaleones en peligro de extinción" subraya cómo los trabajadores humanitarios, que antes habían sido capaces de actuar en un espacio neutral entre combatientes, son cada vez más un objetivo de guerra. Las ONG habían tenido una sensación de protección y de singularidad que las alentaba a operar en tales situaciones, en la creencia de que los riesgos eran bastante bajos. Esto ha cambiado debido a que han aumentado los casos de secuestro, robo a mano armada e incluso la violencia que se dirige deliberadamente hacia el personal de las ONG. La identificación que Slim hace de la cuestión de la seguridad y la carga emocional que soporta el personal de las ONG se ha confirmado en Ruanda, Burundi y Liberia, entre otros lugares en los que las ONG y otras organizaciones humanitarias han visto sus oficinas asaltadas, su personal herido y asesinado, y su personal amenazado por diversas facciones militares.

La demanda hecha a las ONG para actuar en situaciones de conflicto y alto riesgo corre pareja a los desafíos que plantea el trabajo con poblaciones traumatizadas. Los artículos publicados en este volumen de **Hàns Buwalda**, **Lucy Bonnerjea** y **Jane Shackman** con **Jill Reynolds**, coinciden en indicar que hay costes que se imponen a los civiles que a menudo duran más que la necesidad de alimentos, abrigo o atención sanitaria. Los tres artículos abordan los costes sociales que soportan las comunidades atrapadas por la guerra. Al mismo tiempo, como resalta **Derek Summerfield**, es importante anotar que estas comunidades y sus residentes no son víctimas pasivas, ni simples "casos traumáticos". Una vez más, en cada situación hay complejas circunstancias históricas y políticas a las que las ONG deben ser sensibles cuando planifican y conducen sus operaciones.

Desarrollo de recursos experimentales más amplios

Los artículos publicados en este volumen proporcionan diversas vías a seguir por las ONG que trabajan durante los conflictos o después de su cese formal. No puede haber una respuesta única a la pregunta de cómo las ONG deberían actuar en medio de esas situaciones. Se han elegido estos artículos, empero, para alentar la reflexión dentro de las ONG y por parte de los profesionales. Reúnen diversas experiencias de ONG y profesionales y ofrecen puntos de partida para un cuestionamiento reflexivo y para generar nuevas ideas a partir del aprendizaje organizativo.

Hay indicios de que las ONG y otras organizaciones humanitarias están prestando más atención a los dilemas que se presentan en el trabajo en emergencias complejas. En los últimos cinco años han aumentado las críticas, justificadas, de que las ONG a veces compiten por los recursos y por la cobertura de los medios de comunicación, pero también se ha incrementado la coordinación entre las ONG, tanto a nivel nacional como internacional. Pueden verse pruebas de ello en las acciones de plataformas de coordinación como el Consejo Internacional de Organizaciones Voluntarias (ICVA) y la coordinación con ONG del Departamento de Asuntos Humanitarios de Naciones Unidas. Esta coordinación se produce tanto en el ámbito operacional como en el interés de contar con una voz más enérgica y coherente para la incidencia política. Existe interés en establecer mecanismos de acreditación individual de las ONG para diferentes especializaciones sectoriales, en parte para modificar los requerimientos que imponen la búsqueda de recursos y la atención de los medios de comunicación en el trabajo de las ONG. Se están planteando, además, importantes preguntas sobre las diferencias que existen entre la neutralidad y la independencia en situaciones de atroces violaciones de los derechos humanos.

En conclusión, son varios y de gran amplitud los temas que requieren más elaboración. Las preguntas que se exponen a continuación pueden servir de base para una mayor reflexión dentro de las organizaciones y entre ellas:

• Dadas las extensas violaciones de los derechos humanos que se cometen en algunas emergencias políticas, ¿Creen las ONG en el uso de la fuerza letal?

• En vista de la naturaleza de largo plazo de las emergencias políticas, ¿Cuáles son las funciones políticas más adecuadas para las diferentes ONG, especialmente en relación con las causas originarias de tales conflictos?

• ¿Cómo pueden las ONG extender su marco temporal para trabajar en situaciones de conflicto?

• ¿Cuáles son los desafíos para la gestión burocrática y administrativa de los programas de socorro y de desarrollo en el contexto de las emergencias complejas?

• ¿Pueden las ONG ignorar los imperativos de su propia supervivencia institucional y trabajar en favor de la coherencia y de normas comunes para los programas?

• ¿Están las ONG dispuestas a abordar las cuestiones referidas a las capacidades del personal, así como a las cuestiones de la acreditación y de los códigos de conducta para el trabajo en emergencias complejas?

• ¿Cómo pueden responder las ONG a los desafíos planteados por las nuevas funciones del personal y de los trabajadores, así como a los nuevos tipos de equipos de trabajo?

• ¿Existen funciones operacionales para las ONG en situaciones en que no poseen experiencia previa?

• ¿Cómo pueden las ONG "ascender" más eficazmente desde la experiencia sobre el terreno a la formulación de políticas y a convertirse en la voz pública de las víctimas de la violencia?

• ¿Cómo pueden las ONG "descender" o reenfocar su trabajo para adaptarse a las percepciones propias de las comunidades respecto a su supervivencia y a sus necesidades de desarrollo?

Estas preguntas están encaminadas a alentar a todas las ONG y a los profesionales individuales a pensar con creatividad sobre futuros alternativos. Las ONG podrían convertirse en poco más que los cucharones de las cocinas mundiales de caridad, aliviando superficialmente la miseria de las víctimas del conflicto, pero careciendo de la capacidad, la comprensión o el interés para abordar sus causas y consecuencias. Las ONG también pueden convertirse en contratistas públicos de los grandes donantes, pero, si eso sucediera, ¿Podrán mantener opiniones independientes e involucrarse en actuaciones bien orientadas dentro de situaciones difíciles?

La experiencia del trabajo en situaciones de conflicto armado ha demostrado que existen oportunidades para desarrollar programas adaptativos y creativos, incluso cuando a los agentes externos les parezca que es poco o nada lo que se puede hacer. El artículo de Chris Roche ofrece a las ONG tanto un desafío como una oportunidad para establecer elementos estabilizadores para sus operaciones. A pesar de los dislocamientos nacionales e internacionales, las ONG pueden construir marcos de trabajo aceptados para actuar e interpretar lo que está ocurriendo. Incluso frente a cambios rápidos, discontinuados o turbulentos, en los que las viejas concepciones ya no son válidas, podría ser realmente posible que las ONG actúen en la línea de fuego con eficiencia, responsabilidad, y tener un impacto positivo y de larga duración.

Notas

1 Mary B. Anderson (1995), *Relationships between Humanitarian Agencies and Conflict and Remedial Steps that Might be Taken*, Artículo inédito presentado al Simposio sobre Asistencia Humanitaria y Conflictos en África. Ver también *International Assistance and Conflict: an Exploration of Negative Images* (1994), Issues Series nº 1, The Local Capacities Peace Project, Collaborative for Development Action.

2 Mark Duffield (1994), "Complex Emergencies and the Crisis of Developmentalism", *IDS Bulletin* 25/4, octubre, pp. 37-45 (Ver la bibliografía comentada)

3 Michael Edwards y David Hulme (1996), *Non-governmental Organizations: Performance and Accountability-Beyond the Magic Bullet*, Londres. Earthscan/SCF

4 African Rights (1994), *Humanitarianism Unbound? Current Dilemmas Facing Multi-Mandate Relief Operations in Political Emergencies*, Discussion Paper nº 5, Londres

5 Ver también Jean Drèze y Amartya Sen (1989), *Hunger and Public Action*, Oxford: Clarendon Press

6 Hugo Slim (1995), "The continuing metamorphosis of the humanitarian professional: some new colours for the endangered chameleon", *Disasters* 19/2, junio, pp. 110-126 (Ver la bibliografía comentada)

El autor

Stephen Commins tiene amplia experiencia como consejero en la formulación de políticas para toda una gama de organizaciones no gubernamentales y de otro tipo en Estados Unidos, y durante los últimos ocho años ha trabajado para World Vision International. Anteriormente fue Director del Instituto de Desarrollo del Centro de Estudios para África, en la Universidad de California en Los Angeles, y ha escrito y publicado ampliamente sobre desarrollo y seguridad alimentaria.

Operacionalidad en la turbulencia
La necesidad de cambio

Chris Roche

Introducción

La Agencia para la Cooperación y la Investigación en el Desarrollo (*Agency for Cooperation and Research in Development,* ACORD) (1) es una ONG operacional que, bajo ciertas condiciones, acomete actividades de las denominadas de socorros y rehabilitación en el interior de África. Su primera prioridad es facilitar el surgimiento de organizaciones y estructuras locales, con el fin de mejorar la posición socioeconómica de población pobre de África. Define "operacionalidad" como "presencia continuada", y trabaja allí donde se la necesita, a lo largo de un periodo limitado, con la gente a la que apoya.

Se estima que en la actualidad hay en torno a 40 millones de personas en África que precisan ayuda de emergencia como consecuencia de la guerra, el hambre, la inseguridad y, cada vez más, de los efectos del sida. En el pasado, crisis o desastres tales como la guerra y las hambrunas eran considerados por ACORD (2) las señales temporales de situaciones "inusuales". Se asumía que las condiciones "normales" se restablecerían pasado algún tiempo. La idea de que existe un cierto "continuo" entre los socorros, la rehabilitación y el desarrollo era inherente al pensamiento de la organización. En cuanto a las crisis, eran vistas como accidentes en el camino que había que superar antes de continuar el viaje. Sin embargo, se ha ido aceptando paulatinamente que tales presunciones ya no son válidas.

¿Cuáles son las implicaciones para las ONG? ¿Cómo respondemos a la rapidez y a la profundidad de los cambios del mundo que nos rodea? ¿Qué significa el desarrollo en tales circunstancias? ¿Cómo conseguimos equilibrar las necesidades de corto y de largo plazo, la distribución de socorros y la provisión de servicios que promuevan la autonomía (*self-reliance*) de forma sostenible, y la implementación de actividades operacionales con la preocupación por los derechos humanos y las libertades políticas?

La necesidad de nuevas ideas

Crisis e incertidumbre son la realidad de la vida incluso en Occidente, donde cada vez es más evidente que el "crecimiento sostenible" se ha terminado. En el contexto africano, como han señalado algunos, está en juego la propia supervivencia del continente. Tales fracasos exigen volver a plantearnos qué hacer para enfrentarnos a la crisis del pensamiento y la práctica del desarrollo (Hettne 1990). ¿Pueden las ONG seguir respondiendo a fluctuaciones y oscilaciones inesperadas de la forma tradicional; esto es, ignorándolas, o reaccionado después de los hechos?

Hay nuevas formas de pensar y de gestionar el cambio, por ejemplo en el ámbito de las teorías de la catástrofe (3), el caos (4) y la complejidad (5). De hecho, se ha sugerido nada menos que un cambio de paradigma (6). Si el desarrollo se refiere a los procesos de cambio, para ello necesitamos un análisis más refinado acerca de lo que es el cambio.

Sobre el cambio (7)

Durante muchos años, las ciencias naturales y sociales tuvieron la tendencia a concentrarse en aquellos aspectos del cambio que son **uniformes**, **lineales**, **ordenados** y **predecibles**; en otras palabras, esos tipos de cambio que son los mas fáciles de analizar o aquellos que algunos han descrito como los que conducen a "aplacar" problemas. Pero se ha tendido a ignorar el cambio **rápido**, **discontinuo** y **turbulento**, como el que sucede cuando se produce un golpe de estado, se devalúa repentinamente la moneda, básicamente porque es más difícil de medir, predecir y manejar. Sin embargo, la mayoría de los problemas del desarrollo son "revueltos" y no "dóciles", e incluyen precisamente esas formas de cambio abrupto. Un análisis del cambio "revuelto" o turbulento puede aclarar cómo podemos apoyar a la gente para que afronte y promueva el cambio, así como la forma de organizarse a sí mismos para ello.

• **Interdependencia**: los problemas reales no son originados por un solo factor, sino por muchos factores interdependientes. Una hambruna, por ejemplo, puede ser causada por la sequía, por precios en los cereales en ascenso, por precios en declive en los animales, por carreteras en mal estado, y por falta de ayuda alimentaria, todo ello al mismo tiempo. La causa que conduce a la hambruna no es solamente un factor, sino *la combinación* de todos ellos.

• **El efecto mariposa:** (8) cambios pequeños pueden producir efectos grandes y muy divergentes bajo las condiciones apropiadas. Esto indica lo importante que es tratar de comprender lo que había sucedido al comienzo de la turbulencia. En Níger, en 1990, por ejemplo, el hecho de que las organizaciones de cooperación no proporcionaran ayuda alimentaria a los nómadas recientemente retornados de Argelia, condujo a manifestaciones que finalmente condujeron a la rebelión en Malí. Este pequeño incidente no fue *la causa* de la rebelión, pero fue una de las chispas que *la provocaron*. En esencia, ello desencadenó cambios que ya estaban arraigados en los procesos de revuelta latentes en la zona.

• **Retroalimentación** (*feedback*): (9) La retroalimentación capacita a las organizaciones para adaptarse y desarrollarse y finalmente para sobrevivir ante circunstancias cambiantes. Este es también el mecanismo por el cual las diferentes variables se interrelacionan y se alteran entre ellas. El resultado de un proceso es un aporte para otro proceso. La retroalimentación es esencial para adaptarnos a circunstancias que varían de forma rápida e impredecible. Para las ONG, esto significa que la habilidad de supervisar nuestro trabajo y alterar las cosas de conformidad con ello es la clave para afrontar el cambio.

• **Pautas de cambio**: (10) Los cartógrafos de la Edad Media hicieron posibles los grandes viajes porque afirmaron sus ideas sin haber visto los continentes que dibujaban. La forma era más importante que el detalle. Si los detalles exactos no pueden conocerse, ¿Que puede decirse del conjunto? En 1991, en el norte de Malí, el equipo de ACORD, después de analizar la situación, vislumbró varios escenarios diferenciados, pasando desde los más optimistas a los más pesimistas, y a continuación desarrolló *"la méthode inverseé"* (básicamente un proceso en el que los socios de ACORD implicados visitaban la organización, o le enviaban mensajes, en lugar de ser ACORD quien les visitaba a ellos), una forma de trabajo que habría sido factible en todas las situaciones, excepto en las más peligrosas.

• **Elementos estabilizadores:** (11) aunque las situaciones nunca se repiten exactamente a sí mismas, a menudo se centran alrrededor de ciertos elementos estables. Es importante comprender cuáles pueden ser esos elementos estables. En Somalia, por ejemplo, en muchas zonas son los ancianos los que han probado ser los elementos más estables en la crisis actual, y las organizaciones han podido basarse en su influencia y conocimientos para distribuir los artículos de socorros e iniciar las actividades de rehabilitación.

Las crisis alimentarias y los conflictos no son acontecimientos excepcionales ni estáticos, ya que están enraizados en el pasado. Como expresión de las luchas por el poder y los derechos, no son sino uno de los momentos de los procesos de cambios político, social y económico ya existentes, los efectos de los cuales varían según la clase y el género. Una intervención estratégica requiere comprender estos procesos de cambio. Esto significa entender que cada crisis es diferente; y como Michael Watts (1991) sugiere, cada una de ellas es el producto de factores interrelacionados y que se determinan unos a otros, incluyendo los siguientes:

• Procesos de largo plazo que producen pautas de vulnerabilidad, tales como la erosión del suelo o un declive de los términos de intercambio.
• Acontecimientos contingentes o inmediatos, que producen una disminución de los recursos y/o de los derechos a los mismos, tales como la guerra o la sequía
• La especificidad de los factores locales, tales

como las estructuras sociales y el acceso y el control sobre los recursos, que dan un particular "ritmo y timbre" a la vulnerabilidad (por ejemplo, la cultura o las relaciones de género).

La necesidad de una combinación de respuestas

¿Y qué tiene todo esto que ver con el desarrollo *en la práctica*? En el África contemporánea podríamos clasificar los grados de turbulencia de la siguiente forma:

1 Situaciones en que *la comunidad está sumida en un estado de crisis severa*
2 Situaciones en las que existe *amenaza de crisis*
3 Situaciones en las que *la comunidad está recuperándose o en proceso de reconstrucción*
4 Situaciones en las que *la comunidad está enfrentándose a tendencias de largo plazo*, o a cambios paulatinos, y las organizaciones pueden apoyar la capacidad de la gente para enfrentarse con el cambio y promoverlo: situaciones en las que algunos podrían decir que es posible el "desarrollo sostenible" (12).

La asistencia de ACORD ha tenido la tendencia a ser de tres tipos: aportes materiales por medio de donaciones, ventas o crédito; aportaciones técnicas, tales como asistencia técnica o capacitación; y apoyo organizativo y de tipo moral. Lo que es extraordinario en la experiencia de ACORD es lo lejos que se ha sido posible llegar proporcionando todos estos aportes en prácticamente todas las circunstancias, excepto allí donde la vida está físicamente amenazada. El fortalecimiento de las capacidades puede y debería ser una necesidad tanto en situaciones de crisis severa como en una situación más estable. De la misma forma, el fortalecimiento de los mecanismos locales para la defensa, la protección y la incidencia política es necesario tanto en las comunidades que se enfrentan a tendencias de largo plazo como en aquellas que afrontan situaciones de crisis.

La experiencia de ACORD ilustra también que el impacto del cambio en los diferentes miembros de la comunidad puede tener enormes diferencias. Es esencial, por ello, determinar las diferentes necesidades de los hombres y de las mujeres frente a una crisis, y de gentes con diferentes medios de vida. El papel y las funciones de ACORD están determinados tanto por *aquellos a quienes se pretende apoyar* como por la situación en su conjunto. Entre los ejemplos de las experiencias recientes que conducen a este análisis se incluyen el caso de Somalia, donde el personal reconoció la necesidad de apoyar a mujeres empresarias pobres implicadas en la preparación de comidas y a las que la distribución de alimentos estaba dejando sin negocio. La respuesta de ACORD fue otorgar créditos a empresas de Port Sudan para que pudieran fabricar palés para las agencias que transportaban la ayuda alimentarla a través del puerto, y para hacer las tiendas de campaña para las poblaciones de refugiados.

Cuando el margen entre "caer en el abismo" y ser capaz de sobrevivir sin la caridad de los demás es tan pequeño, las organizaciones de ayuda tienen que concentrarse tanto en capacitar a la gente para evitar que sean atrapados en una espiral descendente, encontrando nuevos nichos económicos y utilizando el mercado (13), como en satisfacer las necesidades mas inmediatas.

El cuadro 1 (en la siguiente página) ilustra esta pauta demostrando que aunque es probable que el grueso del apoyo en una situación de crisis se dirija a satisfacer necesidades inmediatas, también existen necesidades relacionadas con el fortalecimiento de las capacidades, la generación de ingresos, y el desarrollo institucional.

Este análisis sugiere que la división convencional de los programas dentro de las categorías de socorro, rehabilitación o desarrollo, no solo no es útil —y esto es más importante—; tampoco refleja la realidad local, en la que las funciones normalmente asociadas con el "desarrollo" son posibles en situaciones de "socorros", y viceversa. Las contribuciones a la seguridad social en los pases industrializados, por ejemplo, o los programas de empleo garantizado u otras redes de seguridad para los más vulnerables en los países en desarrollo, podrían ser descritos como "socorros", aunque muchos los contemplarían como un rasgo esencial de las sociedades "desarrolladas". Como lo han ilustrado Drèze y Sen (1989) en sus detallados estudios de países que se enfrentan a las hambrunas, los gobiernos que *integraron* socorros, rehabilitación y desarrollo, en lugar de *dividirlos* como componentes de un proceso evolutivo, son aquellos que tuvieron más éxito en el alivio del hambre. Lo que se necesita, por lo tanto, es una adecuada combinación de respuestas.

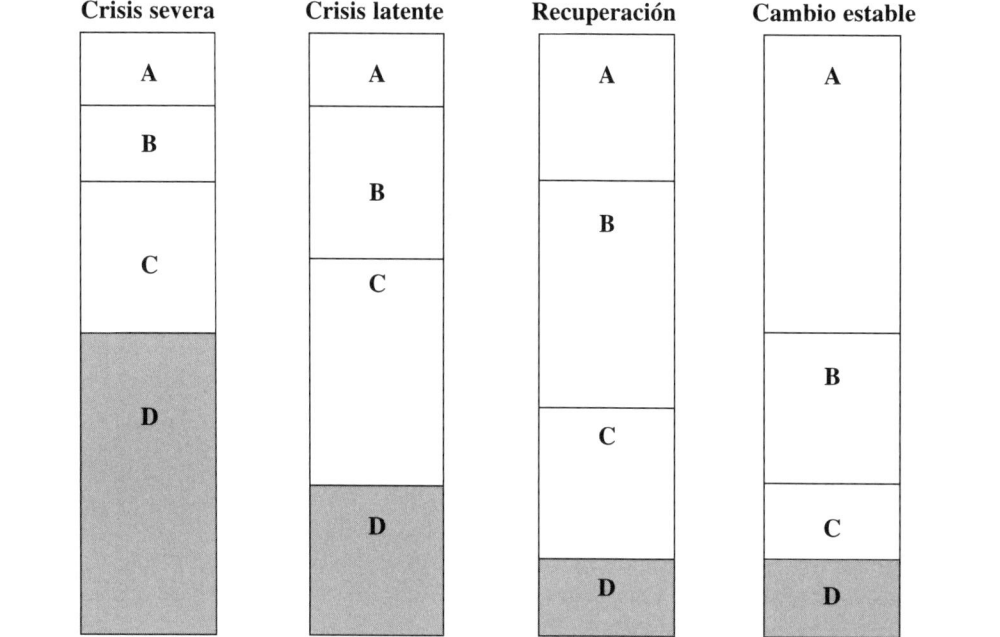

Cuadro 1 : El cambiante énfasis del apoyo

A representa las necesidades y las funciones de apoyo referidas a la generación de ingresos, el desarrollo empresarial, el ahorro y el crédito, los sistemas de educación y salud sostenibles, la protección del medio ambiente, el desarrollo de capacidades, el fortalecimiento institucional, la promoción de alianzas estratégicas, el aumento de la capacidad de diálogo con el Estado y de emprender actividades de incidencia nacionales e internacionales, la autonomía, la preparación de la retirada; la necesidad de reforzar las atribuciones y derechos de la mujer a obtener acceso al crédito, la salud, la educación y la protección legal: promover y fortalecer las capacidades de la mujer como personas y como grupo, y desarrollar redes y alianzas con organizaciones progresistas, servicios jurídicos...

B representa las necesidades y las funciones de apoyo referidas a la estabilidad política, la democracia a todos los niveles, la capacidad de organización, la confianza en si mismos, una mayor habilidad para enfrentarse con la crisis próxima, asegurar y reiniciar la producción, la rehabilitación o el establecimiento de infraestructuras, la capacitación de amplia base, la creación de redes, el fortalecimiento de la capacidad de la gente para hacer demandas al gobierno, el fortalecimiento de los fundamentos económicos para el desarrollo de grupos, el reajuste y la renegociación de las funciones de las mujeres y las relaciones de género; la

promoción y el fortalecimiento de los grupos de mujeres y de las mujeres en los grupos mixtos.

C representa las necesidades y las funciones de apoyo referidas a la preparación ante posibles crisis, la planificación de contingencias, las medidas para asegurar la producción, las opciones de diversificación, el fortalecimiento de los mecanismos para afrontar eventualidades, la consolidación del control y la gestión local de los recursos a través del crédito, la capacitación, el apoyo a la capacidad organizativa, a las mujeres como gestoras y como consumidoras de una base decreciente de recursos, directamente involucradas y apoyadas en todos los proyectos.

D representa las necesidades y las funciones de apoyo referidas a los socorros (v.g. el suministro de alimentos, refugio o medicamentos), la conservación de la cultura local, el fortalecimiento de los mecanismos locales para afrontar eventualidades, la protección y la incidencia política, las medidas para asegurar la producción, facilitar los vínculos entre la comunidad y los proveedores externos, pensar con la comunidad "estando presente", el apoyo moral, el énfasis en los principios que expanden las opciones vitales y en evitar la dependencia; las mujeres como guardianas de la familia y la cultura y como proveedoras; su protección, asegurando que, aunque vulnerables, las mujeres no sean vistas como víctimas.

Las hambrunas y la guerra expresan las luchas por los alimentos y, en última instancia, por el poder. Si la asistencia de emergencia o humanitaria se define estrictamente en términos de ayuda alimentaria y socorros médicos, se corre el riesgo de debilitar y socavar los sistemas locales de producción, las organizaciones locales y la autoestima local. Esto, a su vez, puede conducir a un debilitamiento de la sociedad civil y al fortalecimiento de los gobiernos impopulares y antidemocráticos que a menudo son la causa del problema. Los socorros de emergencia no deberían ser definidos solamente como ayuda alimentaria o medicinas, sino que deberían incluir también, entre otras cosas, conceptos tan aparentemente estrambóticos como "socorros a la producción", "socorros al empleo", "socorros a la generación de ingresos", y "socorros al desarrollo institucional".

Turbulencia y criterios de planificación

Existen diferencias claramente importantes entre los conflictos y otros desastres, tales como las hambrunas, que pueden llegar a ser críticas para determinar la respuesta de la comunidad de ONG. El conflicto es el ejercicio de relaciones políticas por medios violentos, un hecho que debe ser comprendido por las ONG para evitar convertirse en parte del problema, en lugar de parte de su solución. Por un lado, el conflicto puede llegar a ser de naturaleza estructural o de largo plazo, y puede conducir a migraciones que son mucho más masivas y de más larga duración que las que ocasionan las crisis naturales (Macrae y Zwi 1992), que suelen ser menos prolongadas y menos destructivas socialmente. Por otro lado, durante el conflicto la producción y la distribución, así como las restricciones a los desplazamientos y la desarticulación de los mercados se convierten en objetivos deliberados de los contendientes. En estos contextos, las respuestas de socorros pueden involucrarse en la intensificación y la prolongación del conflicto.

Existen, sin embargo, similitudes entre los dos tipos de situaciones. Los programas de ACORD en Malí, Somalia y Uganda han seguido un proceso que comienza con la contracción de las actividades de desarrollo mientras la crisis se avecina, se mueve a través de una fase de consolidación o entra en una pauta de mantenimiento antes de llegar a una valoración de lo que es posible hacer para ocuparse de los problemas de larga duración creados por la crisis misma (14). Es importante *estar allí* y *permanecer allí*, incluso si las "actividades" no son posibles durante un periodo, por razones que incluyen el apoyo moral, el desempeñar el papel de testigos, proporcionar una presencia simbólica, y capacitar al personal del programa para que reconsidere cual es el papel que pueden jugar y qué nuevas oportunidades podrían abordar.

Capacidades y vulnerabilidades

La aproximación tradicional a las crisis o a las emergencias tiende a dividir las actividades en las fases previa a la emergencia, de la emergencia misma, y posterior a la emergencia. No obstante, la naturaleza de largo plazo de ciertas emergencias requiere una respuesta de larga duración que no encaja fácilmente dentro de los casilleros del socorro y el desarrollo. Como han señalado Anderson y Woodrow (1989), necesitamos analizar **vulnerabilidades**, que se refieren a los factores de larga duración que afectan la capacidad de una comunidad para reaccionar ante los acontecimientos, y que la hacen propensa a la crisis, además de las **necesidades**, que se refieren a los requerimientos inmediatos para la supervivencia o la recuperación de una crisis. Las vulnerabilidades (por ejemplo, la falta de acceso al suelo), preceden a los desastres, contribuyen a su gravedad, dificultan la respuesta, y se prolongan inmediatamente después de la crisis. Las necesidades, en contraste, son de duración mas corta e inmediata, como es el caso de la necesidad de alimentos o medicamentos.

Analizar vulnerabilidades puede evitar la urgencia del "retorno a la normalidad, porque, al explorar los factores que contribuyeron a la crisis, se ve que la situación anterior incluía vulnerabilidades (o tendencias de larga duración) que pueden conducir a futuras crisis. Ello, además, alerta a los trabajadores de los socorros sobre el potencial que tienen sus propias intervenciones para contribuir a futuras vulnerabilidades. Para evitar esto, también tenemos que considerar las capacidades existentes en la gente para conocer cuales son las fortalezas que existen dentro de una sociedad, ya que sobre éstas puede basarse el futuro. Cuando una crisis se convierte en desastre, las vulnerabilidades de una sociedad son más visibles que sus capacidades. Sin embargo, debemos comprender ambas.

Organizaciones locales y relaciones de género

Un análisis de la experiencia de ACORD (ACORD 1991) indica que aquellos programas que se han adaptado con éxito en tiempos de crisis han sido aquellos que han invertido en el desarrollo de largo plazo de la gente y de las organizaciones con aptitudes, las capacidades y sobre todo con la confianza para proponer y gestionar actividades, así como para solucionar los conflictos que la crisis genera entre ellos mismos. De esta forma, ACORD ha tendido a abordar las vulnerabilidades desde una perspectiva organizativa, fortaleciendo grupos ya existentes allí donde era posible. Esto ha reforzado y extendido las estrategias locales de supervivencia, al tiempo que fortalece la capacidad de las organizaciones para negociar con una amplia gama de organizaciones externas, incluyendo a las que distribuyen suministros de emergencia. Esto permite a los grupos locales ampliar sus propias estrategias de supervivencia y entretejerlas con el apoyo exterior.

En épocas de convulsión pueden surgir nuevas oportunidades, al igual que la propia crisis en la que la gente se encuentra inmersa les puede forzar a trabajar conjuntamente. En Gulu (Uganda) y en Somalia, esto ha permitido que ACORD pueda trabajar a través de los líderes comunitarios y los ancianos, a quienes hasta entonces se consideraba como los que controlaban el poder y la influencia en detrimento de otros. Conforme la crisis decae, estas oportunidades también pueden empezar a desaparecer. Un enfoque de desarrollo en la recuperación se caracteriza por utilizar este periodo para promover el cambio, o para consolidar los avances logrados durante la crisis. No pretende volver a la "normalidad" o al *statu quo* que condujo a la crisis anteriormente. Las relaciones de género, por ejemplo, a menudo cambian radicalmente durante la crisis, en ocasiones el cambio es para mejor. En varios países de África (y en cualquier otro lugar), ha habido una tendencia a que se espere que las mujeres que han tenido un papel importante durante las luchas de liberación vuelvan a sus roles de antes de la crisis. En Eritrea, el desafío es conservar lo que han ganado las mujeres durante la guerra y ayudarlas a resolver los problemas más duraderos. Aunque las sociedades parecen no actuar al margen de sus características durante las crisis (en cuanto a que persisten sus rasgos culturales, a veces de una forma exagerada), pueden surgir nuevas oportunidades para el cambio.

Existe el peligro de que las intervenciones externas puedan deformar o destruir las instituciones locales, al tratar de determinar las cosas en su nombre. Proporcionar información sobre las experiencias de otros lugares, y reforzar las habilidades para el aprendizaje para que los grupos decidan sus propias reglas es preferible a decidir en lugar de otros a partir de modelos ideales. Sin embargo, la turbulencia cuestiona la noción de institucionalización de las estructuras y las organizaciones locales. Si tienen que responder con rapidez, ¿No tendrán también que cambiar rápidamente, y posiblemente romperse y recrearse con nuevas formas, según surjan las necesidades? En esas circunstancias, ¿Es prudente establecer jerarquías, burocracias y estructuras formales? ¿O deberíamos tratar de encontrar alianzas y redes mucho más laxas y menos formales?

Gestión y turbulencia (15)

El cambio rápido requiere que las comunicaciones horizontales dentro de las organizaciones se conviertan en algo común. La toma de decisiones jerarquizada es la adecuada para problemas rutinarios que pueden resolverse a un ritmo pausado. Las agencias que se enfrentan con cambios rápidos no pueden permitirse estructuras y procedimientos que permiten que las decisiones suban y bajen tranquilamente a través de las jerarquías. Algunos han señalado que esto significa el fin de las burocracias y el nacimiento de la "ad-hocracia", porque conforme se producen con más rapidez los cambios en el entorno, menor ha de ser la duración de las formas organizativas. Situar a las personas en casilleros y jerarquías rígidas es una forma de autodestruirse, porque ello retarda la receptividad y la adaptabilidad. Lo que se requiere es flexibilidad en las formas organizativas y las alianzas. Esto significa organizarse en múltiples unidades semiautónomas, parcialmente conectadas, que si es necesario puedan separarse y volverse a juntar conforme a las circunstancias.

La turbulencia puede llevar a que los gestores pasen mucho tiempo resolviendo problemas, saltando de una ocupación a otra, apagando fuegos o resolviendo crisis. Los gestores pueden concentrarse en asuntos técnicos u organizativos (programas, representación, obtención de fondos) en lugar de supervisar, apoyar y dirigir al personal. Los gestores tienen que estar preparados para dar más tiempo y prioridad a sus responsabilidades de gestión; necesitan dejar de ser los que resuelven los problemas, y pasar más tiempo motivando a su personal, capacitando, facilitando la discusión, y generando nuevas iniciativas. Esto no significa que deban olvidar las crisis, sino que vean las funciones del gestor como el creador de la capacidad a través de la cual una organización o un programa puede afrontar la crisis. También significa ser capaces de proporcionar al personal la capacitación adecuada, y entonces delegar en dicho personal.

Seguimiento, evaluación y turbulencia

Las modalidades alternativas de trabajo requieren nuevos sistemas para supervisarlas y evaluarla. Debemos aprender a concentrarnos en pocas variables manejables para medir aquello que es importante. Paradójicamente, una mayor complejidad requiere el desarrollo de sistemas más simples. Estos sistemas deberían alentar la participación y la comprensión por parte de todos, y deberían apoyar la toma de iniciativas "en primera línea". Si los sistemas son demasiado complejos, coartan la flexibilidad y retardan la adaptabilidad. La medición no debería referirse a la recolección masiva de datos mediante encuestas muestrales comprensivas. Necesitamos mantener las cosas simples y visibles. El criterio debería ser la existencia de medidas palpables, concretas y sencillas a nivel local, *que la gente utiliza en la práctica.*

En el sector privado, Peters (1992) argumenta que las variables esenciales para los sistemas de supervisión y evaluación en situaciones de turbulencia son la simplicidad en la presentación, la visibilidad de las mediciones, el involucramiento de todos, la recolección de datos primarios la consecución de un sentido de urgencia, y la implicación continua. Preguntas como qué compilar, cuando compilarlo, y como utilizarlo deben formar el horizonte del personal "de primera línea", que están adecuadamente informados respecto a los intereses de otros actores con intereses en juego.

Podemos ver cuán adaptable es un programa o una organización, y lo bien que puede afrontar el cambio, preguntando:

• **Si la organización escucha atentamente** a quienes está intentando ayudar y a aquellos que le otorgan fondos, aumentando su "porosidad" a la retroalimentación. La cuestión es que si se escucha permanentemente a aquellos a quienes se apoya las organizaciones serán capaces de adaptarse con más rapidez. Las posibilidades de que surjan malentendidos y "cuellos de botella" también se identificarán más rápidamente si se escucha con mayor atención a los donantes.

• **Si la organización aprende rápida y eficientemente de la escucha** y de otras organizaciones, y modifica su apoyo conforme a ese aprendizaje. Traducir la escucha en acción, estar abiertos al cambio, probar constantemente nuevas ideas, aprender de otros y de los errores pasados son en su conjunto facetas esenciales de la respuesta a situaciones de cambio rápido y turbulento.

• **Si la organización se organiza bien a sí misma para promover el aprendizaje y la innovación** y de esta forma reaccionar adecuadamente al cambio rápido y la turbulencia. Ello demanda organizarse de forma que un personal bien capacitado pueda tomar decisiones, que reagrupe diferentes intereses de grupo —donantes, personal del programa, y socios— para resolver los problemas sobre la marcha. Esto supone una gestión más horizontal e insistir que el foco primario es la "primera línea", y no una que pone obstáculos en el camino.

Nuestros métodos de supervisión y de evaluación tienen que reconocer que las decisiones deben tomarse en el momento (Mearns 1991), aunque el proceso de investigación sea incierto y no tenga final. Los métodos y los indicadores no sólo deben ser apropiados en términos de la complejidad y el coste que comportan como tales, sino también flexibles y adaptables, y capaces de producir información relevante, oportuna, exacta y utilizable, que pueda satisfacer diferentes necesidades y a diferentes grupos de interés.

¿Competencia o colaboración?

Competencia

La actual preocupación de las ONG por la planificación estratégica ha puesto de relieve la ventaja competitiva y la creciente cuota de mercado de las organizaciones involucradas en operaciones de socorros de gran escala. Este fenómeno está aumentando conforme lo hace el nivel de la subcontratación de las ONG, especialmente en las zonas en las que las agencias bilaterales y multilaterales no tienen la capacidad o la voluntad de involucrarse.

Para muchas ONG que se definen a sí mismas como organizaciones "de desarrollo", lo que se ve como problema no es la pérdida de cuota de mercado *en sí misma*, sino más bien la percepción de que ésta comporta una pérdida de perfil y de legitimidad, que a su vez reduce su capacidad de abogar y de incidir contra los factores que hacen necesarios los socorros. Algunos asumen que su incapacidad de actuar decisiva y visiblemente compromete su relevancia.

Para muchas ONG el resultado es una reelaboración de los argumentos latentes sobre la asumida dicotomía entre los socorros y el desarrollo, a la que ahora se le añade interés a través de ejercicios de planificación estratégica basados en el análisis de debilidades, fortalezas, amenazas y oportunidades, y de la investigación de mercado. Finalmente, las propias estrategias de supervivencia de las ONG pueden llegar a ser más importantes que las de la gente a la que están tratando de ayudar (ver Borton 1993 y Roche 1992).

Se están aumentando los fondos disponibles para las ONG, principalmente para acuerdos de subcontratación, y en su mayoría para acciones de emergencia y rehabilitación. Las ONG más oportunistas, que pueden ser tentadas a basarse cada vez más en este tipo de financiación fácilmente accesible, pueden empezar a cambiar la percepción pública de las ONG en general, y de esta forma contribuir a una paulatina reducción de la gama de funciones que el sector ha desempeñado hasta ahora. Esto puede promover una creciente competencia entre las ONG, reduciendo la cooperación y la colaboración entre ellas, y aumentar las preocupaciones sobre su legitimidad y responsabilidad. También puede dar lugar a crecientes intentos de coordinar y controlar la proliferación en el número de ONG por parte de los Estados, lo que, además de complicar la planificación, lo estarán haciendo con dineros hasta entonces destinados a gobiernos del Sur, contribuyendo así a su "destrucción institucional" (Ver Farrington *et al.* 1993).

Muchos arguyen que el papel de las ONG se está expandiendo, no porque las ONG tengan una ventaja comparativa, sino porque "otras opciones de canalización no están disponibles" (Fowler 1987). Las ONG se han convertido en ocasiones en la única alternativa política viable para canalizar alimentos y servicios en zonas políticamente sensibles en las que los Gobiernos y las organizaciones multilaterales no pueden o no quieren trabajar. Sin embargo, cuando las ONG se convierten implícitamente en el rostro privado de la política pública, se revoca la responsabilidad de los gobiernos de explicar cuál es su condicionalidad, y de defender públicamente su posición. Las mismas ONG no son canales neutrales, y tanto en los países donantes como en los receptores suelen tener miedo a perder el apoyo de los Gobiernos. El resultado es la presión que existe para no hablar sobre las causas profundas, que podrían poner en una situación embarazosa a los Gobiernos y a los donantes; y algunos podrían afirmar que se ha comprado el silencio de las ONG (Macrae y Zwi 1992).

Colaboración

Las nuevas formas de pensar y gestionar el cambio desafían implícitamente las distinciones ortodoxas entre los socorros y el desarrollo, entre lo normal y lo anormal, entre la centralización y la descentralización, y entre la unidad y la diversidad. La supuesta dicotomía entre el socorro y el desarrollo no tiene que ser manejada aisladamente. Ninguna ONG puede cubrir la gama completa de actividades de emergencia, desarrollo e influencia política que se requiere. La turbulencia reclama un grado mucho mayor de coordinación y colaboración entre las organizaciones que operan a diferentes niveles *antes de, al comienzo de y durante* una crisis. Ello tiene que estar acompañado por un mayor grado de confianza entre las organizaciones, y por el deseo de compartir los problemas y debatir las soluciones.

Las ONG tienen que buscar el equilibrio entre los peligros de desarrollar un menú de respuestas externo, fijo y centralizado, frente a los que se derivarían de ese parroquialismo descentralizado que se produce cuando las respuestas locales no logran aprender de las experiencias de otros lugares, o se relacionan con causas profundas que se encuentran fuera de su área de influencia. Lo que se necesita es una visión más global de los problemas del desarrollo basada en *alianzas* de organizaciones competentes que tienen una experiencia más amplia y que aportan recursos y aptitudes *complementarias*. Tales alianzas de amplia base deben incluir organizaciones de socorro sensibles al desarrollo, así como organizaciones de derechos humanos, paz e incidencia política que están abordando temáticas más amplias.

Las hambrunas, el conflicto, el abuso de poder y las violaciones de los derechos humanos están inextricablemente relacionados. Las ONG tienen que asegurar que la definición negativa de los derechos que favorecen los Gobiernos del Norte, que pretende limitar el poder estatal, se complemente con definiciones positivas que también proclaman las obligaciones y las responsabilidades de los gobiernos nacionales y de la comunidad internacional (Macrae y Zwi 1992). Es importante que la carta de los derechos humanos no se convierta en otra forma de controlar la asignación de la ayuda por parte de los Gobiernos del Norte sin cambiar *sus* comportamientos y *sus* responsabilidades. Es necesario integrar la supervisión de los derechos humanos con el derecho a la alimentación y con sistemas de alerta temprana. Hasta donde fuera posible, estos sistemas deberían estar basados en indicadores autóctonos y en casos de los que se tenga conocimiento, que puedan ser traducidos en un análisis de necesidades, vulnerabilidades y capacidades. Es importante que las ONG no agraven los problemas creados por las posiciones en materia de derechos humanos de los Gobiernos del Norte, extrayendo las cuestiones "de derechos humanos" del contexto de las luchas cotidianas por el alimento y la paz, y de las fuerzas que conforman tales luchas.

Las ideas emanadas de los debates sobre la "complejidad" y el "caos" de las ciencias naturales plantean a las ONG el desafío de contemplar el cambio de forma más cuidadosa. Debemos comprender la naturaleza y las causas del cambio del que somos parte, en lugar de verlo como una fuerza externa con la que tenemos que enfrentarnos. En vez de intentar abordar solamente los acontecimientos producidos por diferentes tipos de cambio, debemos tratar de dar forma y guiar las fuerzas que producen tales acontecimientos, con el fin de cambiar la naturaleza del cambio mismo.

Notas

1 ACORD es un consorcio internacional de ONG europeas y canadienses que trabajan en favor del desarrollo a largo plazo en África.

2 *Crisis* se define aquí como una coyuntura crítica en un proceso en el que un cambio radical deviene necesario. Una crisis representa, por lo tanto, un periodo de transformación, o de transición, cuando está amenazando el desastre. *Desastre* se define aquí como la situación que ocurre cuando la crisis sobrepasa la capacidad de una sociedad para enfrentarse con ella.

3 La teoría de la catástrofe surge del trabajo del geólogo del siglo XIX Georges Cuvier, y fue desarrollada por el matemático René Thom en los años sesenta. En su sentido más amplio, una catástrofe es un "salto" o cambio discontinuo de un estado a otro, como el de agua a vapor. Ello puede aplicarse a desastres reales, pero la teoría de la catástrofe es en esencia un lenguaje matemático creado para describir cualquier cambio abrupto.

4 Las definiciones formales de caos elaboradas por matemáticos y físicos incluyen en su conjunto la noción de un comportamiento aparentemente fortuito, irregular pero recurrente, que es impredecible, tal como la sequía en el Sahel. También se refieren al comportamiento que amplifica pequeñas incertidumbres y liberan el análisis de "los grilletes del orden y la predecibilidad" (Crutchfield, citado en Gleick 1987). También se ha argüido que el caos es un conjunto de ideas que permitieron que diversas disciplinas compartieran una forma común y diferente de contemplar al mundo (Uphoff 1992), ofreciendo la posibilidad de salir de una visión compartimentada de la ciencia, y el fin de las aproximaciones reduccionistas.

5 Algunos autores, como Lewin (1993), sugieren que el caos puede ser visto como un subconjunto de la complejidad. Si la teoría del caos muestra cómo unas pocas interacciones podrían producir comportamientos enormemente divergentes, que parecen ser aleatorios pero no lo son, entonces la complejidad trata cómo puede producirse un orden global emergente a partir de las interacciones que se producen en los sistemas no lineales. Estas ideas pueden compararse con la noción sociológica de "estructuración" (Giddens 1981), que subraya la recurrente relación existente entre el conjunto y las partes de un sistema. Morgan (1986) lo ilustra con el ejemplo de un remolino, que da la impresión de estabilidad, pero que carece de existencia propia sin los complejos flujos y reflujos del río en el que existe.

6 Ver Uphoff 1992, Mearns 1991, Spooner 1991 y Chambers 1992

7 Ver Gleick 1987, Stewart 1989, Woodcock y Davies 1987 y Lewin 1993

8 En sistemas no lineales, pequeños aportes pueden conducir a consecuencias espectacularmente grandes. En meteorología, por ejemplo, esto se traduce en el "efecto mariposa", o la idea de que una mariposa que hoy bate sus alas en lejano oriente puede desencadenar tormentas sobre Estados Unidos en una fecha posterior. Pero en la siguiente ocasión que la mariposa bata sus alas puede no suceder nada, lo que demuestra la segunda característica de los sistemas no lineales: pequeñas diferencias en las condiciones iniciales pueden conducir a resultados muy diferentes.

9 Contemplar la retroalimentación nos incita a pensar en términos de "bucles, no líneas" (Morgan 1986). Hay **retroalimentación negativa** cuando un cambio en una variable produce cambios en la dirección opuesta, y de esta forma conduce a la estabilidad en una situación; esto es, más lleva a menos. En la **retroalimentación positiva** el cambio se multiplica, de forma que más lleva a más. El proyecto del Club de Roma sobre *Los límites del Crecimiento* utilizó modelos de retroalimentación para mostrar cómo las tendencias mundiales de crecimiento de la población, contaminación y producción no podrían sostenerse si los sistemas de retroalimentación no tuvieran bucles estabilizadores de retroalimentación negativa para "amortiguar" sus efectos.

10 Gleick (1987) observa que para algunos físicos, el caos es una ciencia de procesos en lugar de una ciencia de estados, de *llegar a ser* en lugar de *estar*. La naturaleza conforma pautas. Algunas son ordenadas en el espacio pero desordenadas en el tiempo. Algunas exhiben la misma estructura a diferentes escalas, y otras dan lugar a estados estacionarios. La formación de pautas se ha convertido en una rama de la física y de las ciencias materiales. Buscar pautas de cambio significa preguntarse porqué y cómo son diferentes las cosas, y buscar las tendencias subyacentes de un todo, incluso a pesar de que no se puedan definir las partes individuales.

11 La mayoría de los sistemas complejos contienen lo que los matemáticos llaman *atractores* o elementos estabilizadores, alrededor de los cuales ocurre el cambio, o estados en los que finalmente se asientan los sistemas. Lewin (1993), utiliza los ejemplos de bandas, tribus, cacicazgos y Estados, como los elementos estabilizadores en términos de evolución cultural; también señala que entre ellos no hay una necesaria progresión, y que la historia muestra muchos casos de sociedades que consiguen niveles "superiores" de organización y que posteriormente vuelven atrás.

12 Este término carece de precisión, y ACORD lo considera cada vez menos útil. Se puede cuestionar si se puede o se podría generar sostenibilidad a partir de las relaciones existentes entre Norte y el Sur, entre ricos y pobres, entre hombres y mujeres, y entre la humanidad y el medio ambiente. Por esta razón ACORD prefiere pensar en términos de apoyo que ayuda a la gente a enfrentarse con el cambio y promoverlo.

13 El mercado puede tener una función tanto para precipitar una hambruna como para evitarla. La ayuda en efectivo para los grupos vulnerables puede mejorar sus derechos, así como estimular la demanda. Además, "la disminución de la venta de ganado por parte de aquellos que reciben apoyo podría beneficiar substancialmente a los propietarios de ganado que están fuera del sistema de socorros, al detener el inminente colapso de los precios del ganado". (Drèze y Sen 1989, p. 102)

14 Esto es muy similar al proceso observado por Agerback (1991) en una revisión del trabajo de Oxfam en zonas de conflicto.

15 Gran parte de esta sección ha sido plagiada sin ningún reparo de Peters (1987)

Referencias

ACORD, 1991, "Famine and Conflict in Africa: Challenges for ACORD", RAPP document n° 4, ACORD

Agerbak, L., 1991, "Breaking the cycle of violence: doing development in situations of conflict", en *Development in Practice* 1/3, pp. 151-158 (reproducido en este volumen bajo el título "Romper el ciclo de la violencia: promover el desarrollo en situaciones de conflicto")

Anderson, M. y J. Woodrow, 1989, *Rising from the Ashes: Development Strategies in times of Disaster*, Colorado: Westview Press

Borton, J. 1993, "Recent trends in the international relief system", en *Disasters* 17/3, pp. 187-201

Brett, E. A., 1991, "Recreating war-damaged Communities in Uganda: The Institutional Dimension" (mimeo)

Chambers, R., 1992, *Rural Appraisal: Rapid, Relaxed and Participatory*, IDS discussion paper nº 311, Brighton: Institute for Development Studies

Drèze, J. y A. Sen, 1989, *Hunger and Public Action,* Oxford: Oxford University Press

Edwards, M. and D. Hulme (eds.), 1992, *Making a Difference,* Londres: Earthscan

Farrington, J., A. Bebbington, K. Wellard, y D.J. Lewis, 1993, *Reluctant Partners? NGOs, the State and Sustainable Agricultural Development.* Londres: Routledge

Fowler, A., 1987, "NGOs in Africa: achieving comparative advantage in relief and microdevelopment?, documento presentado en la Conferencia sobre las ONG autóctonas en la recuperación y el desarrollo de África, Jartum, Sudan

Giddens, A., 1981, A *Contemporary Critique of Historical Materialism,* Berkeley: University of California Press

Gleick, J., 1987, *Chaos: Making a New Science,* Londres: Cardinal (Hay edición en castellano: James Gleick, 1994, *Caos: la creación de una ciencia*, Barcelona: Seix-Barral)

Hettne, B., 1990, *Development Theory and the Three Worlds,*Nueva York: Longman

ICVA, 1991, *NGO Management,* abril-junio 1991 nº. 21, Ginebra

Lewin, R., 1993, *Complexity: Life at the Edge of Chaos,* Londres: Dent (hay edición en castellano: Roger Lewin, 1997, *Complejidad: el caos como orden generador del orden*, Barcelona: Tusquets)

Macrae, J.y A.B. Zwi, 1992, "Food as an instrument of war in contemporary African famines", *Disasters,* 16/4, pp. 299-321

Mearns, R., 1991, *Environmental Implications of Structural Adjustment-Reflections on Scientific Method,* IDS discussion paper nº1. 284, University of Sussex

Morgan, G., 1986, *Images of Organisation,* Londres:Sage

Peters, T., 1987, *Thriving on Chaos: A Handbook for a Management Revolution,* Londres: Pan.

Peters, T, 1992, *Necessary Disorganisation for the Nano-Second Nineties,* Londres: Macmillan (Existe edición en castellano: Tom Peters, 1995, *Nuevas organizaciones en tiempos de caos.* Bilbao: Deusto)

Roche, C., 1992, "It's not the size that matters: ACORD's experience in Africa" in Edwards y Hulme (eds.), 1992

Spooner, B., 1991, *Fighting for Survival; Insecurity, People and the Environment in the Horn of Africaa,* Ginebra: IUCN

Stewart, I., 1989, *Does God Play Dice?,* Londres: Penguin

Uphoff, N., 1992, *Learning from Gal Oya; Possibilities for Participatory Development and Post-Newtonian Social Science*, Ithaca: Cornell University Press

Watts, M., 1991, "Entitlements or empowerment? Famine and starvation in Africa", *Review of African Political Economy*, 51, pp. 9-26

Woodcock, A. y **M. Davis**, 1978, *Catastrophe Theory*, Londres: Penguin (Hay edición en castellano: Alexander Woodcock y Monte Davis, 1986, *Teoría de las catástrofes*. Madrid: Cátedra)

El autor

Chris Roche ha llevado a cabo investigaciones en Burkina Faso entre 1983 y 1985 sobre el papel de las ONG. Ha sido el responsable de los programas de ACORD en Africa occidental antes de convertirse en Jefe del Programa de Investigación y Estrategia de dicha organización. Actualmente es Jefe de Equipo de Desarrollo de Programas en el Departamento de Política de Oxfam.

Este artículo fue publicado por primera vez en *Development in Practice*, Volumen 4, número 3 (1994).

Romper el ciclo de la violencia
Promover el desarrollo en situaciones de conflicto

Linda Agerback

Introducción

Desde 1945, el conflicto armado ha demostrado ser cada vez mas mortífero para los no comba-tientes. Conforme a las cifras de Naciones Unidas, ha habido un aumento ininterrumpido de las muertes registradas causadas por la guerra en la población civil, aumentando desde el 52% de la segunda Guerra Mundial hasta el espantoso pro-medio actual del 84% (World Disarmament Campaign, 1989). Este aumento no sólo se ha debido a las nuevas tecnologías, como las minas antipersonas y las bombas de fragmentación. En realidad, la mayor parte de estas guerras se han caracterizado por el uso de tecnologías sencillas, en comparación con las utilizadas en la reciente Guerra del Golfo. Ha sido más importante el hecho de que casi todas han sido guerras civiles, en las que tanto el gobierno como los rebeldes han visto como enemigo a porciones enteras de la población. Estos conflictos han funcionado más como un masivo abuso de los derechos humanos de civiles desarmados que como un duelo entre dos ejércitos. El sufrimiento y la privación que es su resultado —principalmente para las mujeres, los niños y los ancianos— ha planteado a las ONG el desafío de responder con algo más que el habi-tual paquete de comida. A fin de responder a las necesidades sobre el terreno, algunas ONG tam-bién han sido arrastradas a actividades de dere-chos humanos, al tratamiento de los traumas, al apoyo a la resolución de los conflictos, y a cam-pañas que promueven cambios en las políticas ofi-ciales. Estas nuevas formas de trabajo han llegado en ocasiones a cuestionar los conceptos tradicio-nales de los socorros y el desarrollo, tanto en la comunidad de las ONG como más allá de ella.

Las necesidades futuras de estas sociedades devastadas por la guerra también plantean a las ONG el desafío de revisar su papel tradicional en el apoyo a la reconstrucción. Si los años ochenta fueron una década de conflictos en aumento, los noventa pueden ser una década en la que muchas sociedades en guerra podrían deponer las armas y tomar de nuevo la azada. La finalización de 1989 señaló el primer año que, en los últimos 31, no comenzó ninguna nueva guerra (Sivard 1990). De hecho, varios conflictos habían llegado a acuerdos negociados, como en Namibia y Nicaragua, y otros avanzaban con dificultades a través de una etapa de negociación y combates, como en Camboya, Afganistán, El Salvador y Mozambique. En Somalia y el Etiopía los rebeldes habían logrado victorias definitivas sobre los respectivos regíme-nes gobernantes. Lo que está claro en cada uno de estos casos es, sin embargo, que a pesar de la fina-lización de un conflicto, son muchas las cuestiones que amenazan a estas sociedades con un nuevo ciclo de violencia en el futuro. Ello plantea el inte-rrogante de cuál es el papel más efectivo de las ONG en la fase inmediata de postguerra.

En la fase de reconstrucción, la presunción tra-dicional es que el papel de las ONG sería apoyar el retorno de los participantes en el proyecto a un estado previo de normalidad. Para esas sociedades fragmentadas y empobrecidas, sin embargo, la rea-lidad es que la reconstrucción económica y social no puede estar divorciada de las cuestiones de la gobernación y el poder político. La tarea funda-mental será escapar de un ciclo continuado de vio-lencia, de forma que los antiguos enemigos inten-ten determinar cómo se relacionarán entre sí en el futuro. Durante los años de guerra quedó arraigado el mensaje de que la forma de reclamar dignidad y poder es a través de la violencia, y que la forma de resolver las disputas es matar al oponente.

A este legado de violencia se le suman la creciente presión poblacional sobre recursos limitados como la tierra o el agua como nuevas fuentes de tensión. Con las actuales tasas de crecimiento de la población cada año hay 83 millones de personas adicionales que alimentar. Las reservas de agua están siendo reducidas, y las tendencias actuales indican que casi una quinta parte de los suelos cultivables habrán desaparecido hacia el año 2000 (Oxfam, 1990). Inevitablemente, las opciones serán más limitadas, los temores más agudos, y los conflictos se exacerbarán. En el Sahel, estas presiones ya están conduciendo a la guerra, como describe gráficamente el libro de Panos *Greenwars* (Twose, 1991).

Así pues, para las ONG la cuestión puede ser cómo apoyar la construcción de la "sociedad civil" a través de organizaciones sociales responsables, con las que la violencia sea menos probable. Una segunda cuestión es cómo pueden utilizar las ONG el trabajo de comunicación para desafiar prácticas y políticas injustas, que continúan alimentando la renovación del conflicto mucho después de que se hayan firmado los acuerdos de paz.

Antecedentes

En el sentido de *disputa*, está claro que el conflicto es inevitable en la política de la familia, la comunidad y la nación. En ese sentido, cualquier sistema humano dinámico es por naturaleza conflictivo, al abarcar el juego de intereses contrapuestos. El quid de la cuestión radica en como se manejan tales conflictos. En la medida que los procesos políticos y sociales proporcionen canales para el diálogo, la participación y la negociación —tal como trata de alentar el trabajo de desarrollo comunitario— el conflicto desempeña un papel constructivo. Cuando estas vías están bloqueadas y las necesidades básicas no han sido aún satisfechas, crecen el resentimiento y la desesperación. El resultado es la protesta, la represión y la violencia.

La mentalidad de "fortaleza"

Estos bloqueos se crean cuando los intereses opuestos se definen como vitales, pero irreconciliables. Antes de que estos conflictos puedan ser resueltos, la disputa debe redefinirse para proporcionar un espacio común para el diálogo, la negociación y el acuerdo. A esta redefinición, no obstante, se oponen a menudo los que están al mando, que, temiendo el cambio, se refugian en la represión política y en el fundamentalismo ideológico —la denominada "mentalidad de fortaleza"—. Incluso cuando esos temores pueden ser dominados, factores objetivos como la pobreza, la deuda y las creciente presiones ambientales limitan las opciones disponibles para aquellos que pretenden manejar la dinámica del conflicto de manera más constructiva.

Se cree que la polarización y la mentalidad de fortaleza son creadas y perpetuadas por el miedo y la inseguridad, como ocurre, por ejemplo, en regímenes que carecen de legitimidad política, entre los insurgentes atrapados en un ciclo de venganza por agravios pasados, o en sistemas sociales que no son capaces de procesar las presiones para un cambio rápido. Allí donde se bloquea el cambio, la resolución del *impasse* puede requerir un cambio de líderes, una nueva constitución, o incluso una nueva generación de líderes capaces de redefinir las cuestiones. Algunas veces, la guerra es la última y desesperada opción para producir tales cambios.

Pobreza y conflicto

A menudo se menciona el vínculo que existe entre la pobreza y el conflicto, pero raramente se expone la naturaleza de ese vinculo. La pobreza no es de por sí una causa suficiente, como puede verse en países pobres que no están en guerra, como Tanzania. La causa no es tanto la falta de recursos *per se*, como la injusticia: las estructuras sociales, económicas y políticas que mantienen el dominio de un grupo situado al interior del centro del poder sobre otros grupos situados en su periferia, hasta el punto de negarles los derechos económicos, sociales y políticos más básicos. Johan Galtung ha acuñado el término "violencia estructural" para describir estas pautas. Otros prefieren el termino de "injusticia estructural". El apartheid es un ejemplo obvio. En la base, esas estructuras se traducen para los pobres en carencia de tierra, salarios de subsistencia, mala salud, analfabetismo y falta de control sobre sus propios asuntos. Las estructuras formadas por los grupos que se encuentran dentro y fuera de los centros de poder operan tanto a nivel nacional como internacional: a través de esquemas inequitativos de tenencia de la tierra, de prácticas laborales explotadoras, de falta de acceso a la educación y a los servicios de salud, de fuerzas de seguridad represivas, de un sistema judicial corrupto, y de una prensa amordazada. Otras estructuras y procesos son internacionales: la carga de la deuda, los injustos términos del comercio, la ayuda inadecuada y las alianzas coercitivas.

El impacto de esas estructuras en la base es que las organizaciones comunitarias son acosadas o eliminadas, los vehículos y los trabajadores son atacados, y los líderes comunitarios son intimidados, secuestrados, encarcelados o asesinados. Como reacción, la sociedad se polariza en campos enfrentados, y el espacio político para los grupos de desarrollo independientes se cierra rápidamente. Es importante reconocer el papel que tiene la violencia estructural y los abusos de derechos humanos que la acompañan a la hora de provocar levantamientos populares. Estos pueden ser al principio altamente localizados, reacciones a incidentes "micro". No obstante, si los agravios no se corrigen, y el Estado es incapaz de reprimir a la oposición con efectividad, lo más probables es que esos levantamientos locales se fundan con el tiempo en una rebelión generalizada.

El Estado caótico

El análisis sobre los grupos que están dentro y fuera de las estructuras de poder implica un centro fuerte y una periferia débil. Pero en otros casos, la ecuación se invierte: órganos estatales débiles en el centro se enfrentan a grupos poderosos en la periferia, lo que tiene como resultado un Estado caótico, como ocurre en Líbano, Afganistán o Uganda. Aunque muchos conflictos civiles han sido exacerbados por rivalidades externas, hay algunos en los que los apoyos externos han sido posiblemente el factor determinante en la desestabilización de un gobierno central sin afianzar.

El papel de las ONG

Cuando las sociedades se vuelven hacia la reconstrucción, y los gobiernos se comprometen a trabajar en pro de la justicia social, para las ONG puede ser una opción trabajar con diversos departamentos gubernamentales a efectos de for-talecer sus capacidades para lograr un buen gobierno. Las ONG del norte también pueden jugar un papel, coordinándose estrechamente con sus propios gobiernos, de forma que en las necesidades de ayuda para la reconstrucción se incluya la ayuda bilateral para la democratización y la protección de los derechos humanos. Las ONG de Canadá, Holanda y los países escandinavos han sido líderes al respecto (Tomasevski, 1989).

El impacto en el conflicto

Aunque la guerra es vista frecuentemente en términos de muerte y destrucción, la realidad es que la guerra produce una gama mucho más amplia de efectos económicos y sociales para la gente que vive en la pobreza, incluso para aquellos que viven lejos de los combates. Es en el plano económico en donde antes se hace sentir la propagación de la violencia: puestos de salud cerrados, profesores ausentes, mercados y tiendas vacías. También supone escasez de alimentos, debido a la desarticulación de la agricultura, el transporte y el comercio. Las economías rurales de subsistencia se debilitan deliberadamente: las cosechas son saqueadas o quemadas por los soldados, los agricultores son mutilados por las minas, y el reclutamiento forzoso resta trabajo productivo. La desintegración económica conduce a la falta de oportunidades para la generación de ingresos. Muchos gestores y técnicos capacitados utilizan sus recursos para escapar. Aquellos que optan por quedarse se convierten en objetivos para la represión. La guerra, finalmente, puede llevar al colapso económico y a la indigencia. Cuando esto coincide con la falta de lluvia y se utiliza deliberadamente la privación de alimentos como estrategia de guerra, el resultado es la hambruna, como ha ocurrido en Etiopía, Sudán, Somalia, el norte de Uganda, Mozambique y Angola (Duffield, 1991).

Los costes sociales son también altos. Las operaciones militares son la causa del desplazamiento de las familias y la desintegración de las comunidades. Los pobres se encuentran atrapados por las fuerzas de seguridad, por un lado, y por los insurgentes, por otro. En muchos conflictos, el uso deliberado del terror para intimidar a la población ha costado miles de víctimas entre los no combatientes. Los supervivientes arrastran consigo recuerdos angustiosos de ataques, separaciones y pérdidas familiares, desplazamientos de la comunidad y la tierra, y quizás secuestros, violaciones y torturas. Los psiquiatras se refieren a la tendencia individual, que se observa incluso entre los profesionales de la salud, a apartarse de los supervivientes de la violencia (Goldfeld, 1988). Allí donde el trauma ha afectado a un gran número de personas de una comunidad, puede resultar difícil reconstruir la confianza y la cohesión necesarias para la recuperación de postguerra, las ONG están todavía en los comienzos de la búsqueda de un papel adecuado, sensible a la cultura, para responder a los traumas generalizados que la guerra provoca entre los refugiados y los desplazados.

Salta a la vista que la desmoralización, el empobrecimiento, el caos y las fracturas sociales creadas por la guerra dañan la capacidad de una sociedad para su desarrollo a largo plazo. Pero la experiencia de Zimbabwe, Nicaragua, Eritrea y Sudáfrica muestra que el conflicto también puede crear nuevas formas de actuar y nuevas estructuras sociales, y la solución política a la que da paso puede abrir nuevas posibilidades para el desarrollo.

Cómo evolucionan los programas: los socorros y el desarrollo

El programa de socorros de alto perfil —con su espectacular llamamiento al público, evaluación rápida, y procedimiento especial de financiación— transmite el mensaje tácito de que la respuesta adecuada ante un conflicto por parte de las ONG es un programa de emergencia. A pesar de muchos años de guerra, tales proyectos de emergencia "de corto plazo", de carácter paliativo, aún representan la mayor parte de las respuestas de las ONG a los conflictos de Etiopía, Sudán, Uganda, Angola y Mozambique. Este trabajo, por muy valioso que haya sido para aliviar sufrimiento inmediatos, ha tenido poco impacto en los problemas subyacentes y en las causas del conflicto. Los paquetes de comida, que son una respuesta apropiada frente a los desastres naturales, son inadecuados como *única* respuesta al conflicto. Se necesita una valoración cuidadosa antes de llevar a cabo ninguna intervención, para asegurar que la respuesta de las ONG al menos no exacerbará los problemas de fondo y las causas del conflicto. Aún más, donde la atención se centra tanto en el proceso como en las aportaciones de ayuda, se pueden encontrar oportunidades para

empoderar a los beneficiarios y a los grupos locales, y particularmente a las mujeres.

Además de la respuesta de emergencia, las ONG pueden llegar a ser más efectivas en general en su respuesta frente a los conflictos cuando comprenden cómo crecen y se modifican los programas, conforme se identifican y se da respuesta a los problemas y a las oportunidades. Se pueden distinguir cuatro etapas: daño, crisis, consolidación y recuperación. En la primera, la violencia emergente da lugar a que los programas en curso tengan que ser interrumpidos. En la segunda etapa, la intensificación de la violencia da lugar a un punto de inflexión en el que el desarrollo queda a un lado y surgen los programas de socorros de corto plazo. En la tercera, los programas adquieren características "de desarrollo"; es decir, planificación de largo plazo, valoraciones socioeconómicas posteriores, democratización, fortalecimiento institucional, capacitación técnica y una creciente autodependencia. Y finalmente, cuando se alcanza un acuerdo de paz, se plantea la tarea de la recuperación.

Fase 1: daños. El retroceso del programa de desarrollo

En países en los que los programas de desarrollo de largo plazo son paulatinamente sobrepasados por el conflicto, la tendencia ha sido insistir en el desarrollo frente a la creciente polarización política, la violencia, la incertidumbre y el deterioro económico. Las ONG tratan de mantener vivos e independientes los proyectos para las comunidades vulnerables. En la cada vez mayor atmósfera de sospecha, es también importante, aunque cada vez más difícil, mantener el espacio de diálogo entre las ONG.

Fase 2: crisis. Del desarrollo a los socorros

Cuando la intensidad de la violencia y el empobrecimiento fuerza a las ONG a volver a valorar los propósitos y el diseño de sus programas se llega a un punto de inflexión. Los programas de desarrollo quedan a un lado. Los titulares de los proyectos se preparan para hacer frente a necesidades urgentes relacionadas con el conflicto, pero trabajan con la sensación de estar llevando a cabo una operación de carácter temporal hasta que las cosas mejoren. No son posibles los planes de largo plazo. Como declaró un trabajador de desarrollo en Líbano en 1984, *«Lo que se está hacien-*

do cada vez más y más claramente es algo tan intrínsecamente absurdo como tratar de iniciar un proceso de desarrollo en una sociedad que está derrumbándose en todos los niveles y de todas las formas, sea económica, política, social, cultural o moralmente. »

Fase 3: Consolidación. Actuar para el desarrollo en el conflicto

Al cabo del tiempo, el conflicto se asienta en una pauta regular, y los titulares del proyecto adquieren más experiencia. Tanto las ONG financiadoras como los titulares del proyecto hacen balance, lo que conduce a la aplicación de normas más estrictas para la valoración de los proyectos y a un mayor compromiso con centrarse en las pobreza, las estructuras participativas, y la conciencia de género.

Como resultado, empiezan a salir a la superficie críticas sobre proyectos diseñados de forma precipitada. Tienen lugar evaluaciones y revisiones. Los titulares de los proyectos emprenden acciones de desarrollo institucional, y profesionalizan su enfoque con una adecuada capacitación y dotación de personal. Los programas de emergencia y de recuperación dan paso a los de organización social y a la comunicación, con vistas a tratar los problemas de más largo plazo creados por el conflicto, e incluso algunas de las causas de éste.

En Líbano, por ejemplo, donde la fragmentación y el sectarismo eran una de las causas principales del conflicto, una ONG podía optar por trabajar con socios no sectarios, y financiar actividades culturales y con jóvenes para poner los cimientos de un país más unido. Donde los derechos de las minorías han sido una fuente de discordia, como entre los grupos indígenas de Guatemala y de la Costa Atlántica de Nicaragua, podría ser posible apoyar acciones para fortalecer la identidad cultural y reducir el aislamiento. Donde el Norte ha sido importante como factor del conflicto, entran en juego las campañas y las alianzas , como en el caso de Camboya, Nicaragua y el África Austral.

Fase 4: planificación para la paz

Cuando el acuerdo está cerca, la atención tiene que dirigirse a la construcción de la paz. El concepto de recuperación debe ampliarse para incluir no sólo las necesidades de aportes para la economía rural, como semillas y herramientas, sino

también estrategias de empoderamiento y de defensa (*advocacy*) que tratarán de abordar el ciclo de más largo plazo de la violencia. Estas son algunas de las cuestiones que se incluyen en una planificación para la paz:

• Las dificultades para pasar de un enfoque de socorros basado en aportaciones, a un enfoque de desarrollo basado en la autosuficiencia. El hábito de la dependencia está arraigado tan fuertemente que las ONG pueden tener que cerrar algunos proyectos y abrir proyectos nuevos con otros titulares.

• Las estrategias para evitar convertirse en operacionales, como la creación de redes anticipando el acuerdo, con el objeto de identificar posibles socios para los proyectos.

• Las crecientes necesidades de capacitación en habilidades de negociación, cuando los antiguos enemigos se juntan y la oposición obtiene un papel político en todos los niveles, como en Namibia, Sudáfrica y Nicaragua.

• La necesidad de políticas, de estructuras y de un plan nacional de desarrollo, como en Namibia y en Camboya.

• La importancia de mantener un espacio de independencia para las ONG. El gobierno actual puede no ser el mismo en el plazo de unos años, y las ONG que han llegado a ser identificadas con un lado o con otro pueden verse marginadas cuando el poder político empieza a cambiar.

• La necesidad de un activo cabildeo (*lobbying*) en favor de la ayuda oficial para la reconstrucción, que cubra no sólo las medidas económicas sino también las acciones de democratización y de derechos humanos.

Factores que bloquean la evolución de los programas

La revisión de la experiencia de las organizaciones de desarrollo sugiere que son tres o más los años que transcurren antes de que cualquier programa relacionado con el conflicto progrese más allá de la crisis hacia un esfuerzo de desarrollo en el conflicto. La cuestión debería ser si las ONG podrían llegar antes a dicha consolidación.

¿Porqué manifiestan las ONG tales dificultades en avanzar hacia los programas que se enfrentan a los problemas de fondo y a las causas del conflicto?

¿Cuales son los factores de bloqueo? Ciertamente, es el permanentemente alto nivel de violencia; tal vez también es la falta de interlocutores adecuados.

Pero también pueden ser factores internos de las ONG los que estén bloqueando dicho cambio. Cuando se hace una distinción rígida entre los socorros y el desarrollo, los programas pueden evolucionar con lentitud. La selección del personal también puede ser un problema: el personal más adecuado para las situaciones de socorros de emergencias puede no tener experiencia de desarrollo. El aislamiento del personal puede ser otro obstáculo. Para algunas organizaciones pudiera influir en las intervenciones la facilidad y la atracción de las actividades de recaudación de fondos para actividades de socorro de corta duración y de alto perfil. Las organizaciones deben preguntarse a sí mismas cómo pueden superar estos obstáculos internos.

Nuevo personal, visitas externas, y supervisión exterior actúan a menudo como un catalizador en la evolución del programa. Si están suficientemente preparadas, las conferencias regionales pueden promover una reflexión más amplia y un enriquecimiento mutuo. También se ha sugerido que los programas relacionados con los conflictos deberían ser revisados con más frecuencia.

Definir objetivos

Mientras que las emergencias de alto perfil derivadas de conflictos crean su propio impulso, como en el desplazamiento de los kurdos en Irak en 1991, algunas ONG del Norte se han vuelto cautelosas a la hora de iniciar acciones de socorros en un país nuevo, en el que no habían estado trabajando en desarrollo. Otras, sin embargo, acogen favorablemente la oportunidad de introducirse en un país nuevo, en el que un programa de socorros puede conducir posteriormente a un trabajo de desarrollo.

Ante una situación de conflicto, no es suficiente la respuesta, ajena a todo cuestionamiento, del suministro de agua, comida y abrigo. La ONG también tienen que hacer un esfuerzo para analizar las raíces del conflicto y los problemas que éste crea para los pobres, y a partir de ello identificar el papel más efectivo para la ONG, con un programa coherente que aborde las cuestiones clave. Por supuesto, este análisis no puede tener lugar sin un conocimiento básico de la cultura y sin una buena comprensión de los factores políti-

cos, sociales y económicos. Los objetivos de largo plazo que pueden desarrollarse a partir de este análisis pueden incluir asegurar el suministro de alimentos, facilitar la recuperación económica, social y ambiental, apoyar los esfuerzos de los desplazados para regresar a sus hogares, oponerse a los abusos de los derechos humanos, empoderar a las comunidades para resistir la opresión, afirmar su identidad cultural, unir las fracturas sociales, abordar la necesidad de paz, o realizar campañas contra ciertas políticas oficiales.

Opciones limitadas

Las opciones abiertas a las ONG estarán limitadas, sin embargo, no sólo por la intensidad de la violencia, sino también por el nivel general de desarrollo económico y social, el clima político, y la presencia de otras organizaciones. Entender esto ayuda a responder la persistente pregunta de por qué son tan distintos los perfiles de los programas de Centroamérica respecto a los de Sudán o Mozambique. En zonas en las que existen organizaciones locales adecuadas, y donde la educación popular está generando luchas por la obtención de poder y la justicia económica y social, las ONG donantes encontrarán oportunidades para ir más allá de la fase de socorros en sus programas, tal y como se abogó anteriormente. De esta forma las intervenciones podrían incluir trabajo de fortalecimiento de las organizaciones populares, derechos humanos, trabajo de desarrollo con refugiados y desplazados, y trabajo de comunicación para promover un análisis crítico de la situación.

Estas opciones, lamentablemente, pueden no existir en otras muchas situaciones de conflicto. A menudo existen pocas organizaciones independientes con las que trabajar. La violencia generalizada impide las operaciones; y la situación hace difíciles las acciones de defensa y mediación (*advocacy*) y de derechos humanos. La única opción bien pudiera ser entonces una acción de sostenimiento en el contexto de una crisis en marcha.

Conclusión

Sin embargo, las dificultades y dilemas antes descritos no deben impedir que las ONG reflexionen sobre su enfoque frente a los conflictos. Son inmensas las cantidades de dinero público que se destinan a ayuda relacionada con el conflicto, y las ONG tienen la obligación de hacer buen uso del mismo, y de ser responsables de hacerlo.

La necesidad más acuciante es la de revisar el trabajo relacionado con los conflictos, más frecuentemente, y de dar al personal preocupado por esta cuestión la oportunidad de distanciarse de sus programas , a menudo a merced de la crisis, para poder reflexionar. A su vez, esto implica que hay que poner más recursos en la capacitación del personal, con el objeto de intercambiar las mejores experiencias entre los trabajadores de los socorros y los de desarrollo, para ampliar ideas sobre los objetivos de dichos programas en los conflictos, y las opciones para promover el desarrollo en situaciones de conflicto específicas. Hay que encontrar una forma de capacitar al personal de socorros para realizar rápidas valoraciones socioeconómicas, y particularmente sobre las necesidades de las mujeres.

Existe específicamente la necesidad de compartir ideas, investigación y experiencia en cuatro temas cruciales :

• Los programas por los que es posible optar en aquellos casos en los que el trabajo tradicional en las zonas de conflicto realmente refuerza a gobiernos represivos.
• Trabajar con organizaciones de derechos humanos en situaciones de conflicto.
• El papel adecuado de las ONG en el tratamiento de traumas de guerra, tanto en situaciones de socorros como de desarrollo.
• En situaciones de postguerra, cómo desarrollar capacidad endógena en un país para manejar futuras situaciones de conflicto de una forma más constructiva, a través quizás de organizaciones que puedan ofrecer capacitación a grupos comunitarios, sindicatos, fuerzas de seguridad, trabajadores juveniles, personal de salud, y funcionarios de las administraciones locales.

Para finalizar, las organizaciones necesitan ser más abiertas para compartir las experiencias y los dilemas causados por el trabajo en situaciones de conflicto. En el contexto del final de la guerra fría, tienen un papel importante que desempeñar ayudando a construir sociedades civiles que posean los recursos para romper el ciclo histórico de la violencia.

Referencias y bibliografía

Amnesty International, 1990, *Annual Report*, Londres: Amnesty Intemational (Existe edición en castellano: Amnistía Internacional, *Informe anual 1990*. Madrid. Amnistía Internacional)

Chomsky, Noam, 1991, "The Struggle for Democracy in a Changing World", documento presentado en una conferencia del Catholic Institute for International Relations sobre Negociación para el Cambio" celebrada en Londres

Curle, Adam, 1986, *In the Middle*, Oxford: Berg

Duffield, Mark, 1991, *War and Famine in Africa*, Oxford: Oxfam

Goldfeld, Anne et al., 1988, "The physical an psychological sequelae of torture", *Journal of the American Medical Association*, n° 259, pp. 2725-9

Keen, David, "A disaster for whom? Local interests and internacional donors during famine arnong the Dinka of Sudan", *Disasters* 15/2, pp. 151-65.

Miall, Hugh, 1989, "How Conflicts Were Resolved 1945-1985", Oxford: Oxford ResearchGroup

Oxfam, 1990, *Oxfam and the Environment*, Oxford:Oxfam

Sadruddin Aga Khan, 1981, *Study on Human Rights and Massive Exoduses*, Nueva York: UNESCO Commission on Human Rights

Sivard, Ruth, 1990, *World Military and Social Expenditures 1989*, Nueva York: World Priorities

Tomasevski, Katerina, 1989, *Development Aid and Human Rights*, Londres: Pinter

Twose, Nigel (ed.), 1991, *Greenwar*, Londres: Panos

World Disarmament Campaign, 1989, "Disarmament Facts 70: Armament and Disarmarnent: Questions and Answers", Londres: World Disarmament Campaign.

Wallace, Tina, 1990, "Refugee Women, Their Perspectives and Our Responses", documento presentado al Refugee Consortium, Institute of Social Studies, La Haya

La autora

Linda Agerbak ha trabajado en el sudeste asiático durante seis años como consultora de desarrollo y periodista, antes de ser comisionada por Oxfam (Reino Unido e Irlanda) para llevar a cabo un estudio acerca de la respuesta de las ONG al conflicto armado. Recientemente ha ayudado a establecer Cardiff Mediation, un proyecto de conciliación vecinal en Gales.

Este artículo se publicó originalmente en *Development in Practice*, volumen 1, número 3, en 1991.

Hambrunas y derechos humanos

Alex de Waal

La hambruna ha sido considerada frecuentemente como un acto de la naturaleza, y no importa cuantas veces se haya dicho lo contrario por parte de los académicos que la estudian, esta idea parece seguir muy afianzada en la opinión de políticos, periodistas y público en general. Estas gentes prefieren creer que las hambrunas acostumbran a ser la consecuencia lógica de un desastre natural, como una sequía o una inundación.

En los años setenta, en la época de las hambrunas en el Sahel de África occidental, en Etiopía y en Bangladesh, los marxistas comenzaron a proponer una concepción alternativa. Con respecto a África, su slogan popular era "la sequía no es hambruna". Identificaron las hambrunas como el resultado de procesos socioeconómicos de largo plazo, que incapacitaban a poblaciones rurales empobrecidas y vulnerables para hacer frente a alteraciones climáticas bruscas que, de otra manera, no hubieran causado excesivas penurias. Culparon, en concreto, a la expansión capitalista que se produjo bajo la égida del estado colonial, por suplantar las estructuras sociales y económicas autóctonas. *Silent Violence* (Violencia Silenciosa) es el título del estudio más conocido en este campo (1). Este enfoque recibió posteriormente una buena cantidad de críticas, basadas en el hecho de que existen muchas hambrunas que no se adaptan a este modelo, y que el historial del capitalismo periférico en África no sólo arroja pérdidas. Pero sigue siendo innegable que los procesos socioeconómicos son un elemento central para entender las hambrunas, y que, en un caso extremo, pueden causar hambrunas. La muerte por inanición, si ésta ocurre, es el resultado de largos procesos de marginación y de empobrecimiento.

Sin embargo, la actuación de tales sistemas socioeconómicos, aunque brutales, no están obviamente bajo el mandato de las organizaciones de derechos humanos, y los marxistas no tienen la tendencia de volverse hacia las organizaciones de derechos humanos en busca de apoyo a través del análisis o la acción.

El punto de entrada de las preocupaciones sobre derechos humanos en el tema de las hambrunas ha estado enteramente ubicado en otro lugar. Se ha centrado en un paradigma totalmente distinto de las hambrunas causadas por el hombre: la negación deliberada de socorros alimentarios a los civiles en zonas de guerra, habitualmente con el objeto de rendirlos por el hambre hasta lograr su sumisión. Esto ocurre y es un algo importante, y ciertamente debería preocupar a las organizaciones de derechos humanos.

Una aproximación mucho más beneficiosa a esta cuestión se encuentra en algún punto entre esas dos perspectivas. En vez de tratar de unir las dos, es mejor partir de cero en nuestra interpretación de lo que son las hambrunas (en África), y de la importancia que en ella tiene la preocupación por los derechos humanos.

Comprender las hambrunas de África

En África las hambrunas no son lo que suelen pensar las personas de habla inglesa. No es este el lugar para hacer una larga disgresión académica sobre las diferentes definiciones de la hambruna, pero es preciso señalar algunas cuestiones.

Una cuestión es que mientras que la definición inglesa de "hambruna" implica inanición masiva, la mayoría de las hambrunas que diagnosticamos y a las que prestamos asistencia en África no son episodios de inanición masiva. Las tasas de mortalidad permanecen relativamente bajas —quizás el 4% o 5% anual—, y la mayor parte de los fallecimientos son causados por enfermedades infecciosas. La inanición absoluta es extremadamente rara. Ciertamente, se trata de desastres, pero no son los acontecimientos apocalípticos que se predicen habitualmente en la prensa. Las definiciones africanas de la hambruna, en contraste, se centran en el sufrimiento en general , y diferencian entre hambrunas con diferentes grados de severidad.

Los diferentes niveles de hambruna pueden representarse a través de la metáfora de un termómetro. La hambruna se hace más intensa según baja el termómetro. En la "escasez" sentimos mucho frío. Las "hambrunas que matan" comienzan con el punto de congelación. Y las "hambrunas que matan por inanición" están bastante por debajo de cero.

La segunda cuestión a señalar es que la diferencia entre una hambruna leve y una severa puede ser muy grande. La tabla 1 amplía la metáfora del termómetro, asumiendo que la "temperatura" es directamente proporcional a la tasa de mortalidad, y refleja donde se ubican algunas hambrunas muy conocidas, aunque las cifras precisas no deben tomarse con mucha seriedad.

Las tasas de mortalidad en los campos de refugiados son siempre elevadas en comparación con las que existen entre la población en general —normalmente son cinco veces superiores—, por lo que las cifras de los campos de refugiados no han sido incluidas, excepto en los casos en los que la población al completo ha sido forzada a vivir en campos o en condiciones similares a las de los campos —esto es válido en parte para los dos últimos casos—. A modo de comparación, los peores campos de refugiados y refugios frente a la hambruna en Etiopía en 1984 puntuaron en torno a menos 60.

Con la excepción parcial de la hambruna del Sahel, todas estas son hambrunas que matan. La inanición *per se* comienza en una cifra en torno a

menos 10, tras la cual las hambrunas van empeorando mucho más rápidamente. Ello subraya la necesidad de ser muy cuidadoso en el uso del término (hambruna), y ser especialmente discreto respecto al uso del término "inanición".

Lo que es sorprendente en estos casos es que los seis primeros se produjeron en tiempo de paz —excepto en Etiopía, del que se tratará más adelante—, mientras que los cuatro últimos estuvieron, de una forma u otra, acompañados por violencia, movimientos forzados de población, y estrategias de contrainsurgencia que incluyen graves violaciones de los derechos humanos (2).

Estrategias para enfrentarse a la hambruna: Sudan, 1984-85 (3)

Es interesante comparar la población del Sudán occidental en 1984-85 y los desplazados sudaneses al Sudán occidental en 1988. Las tasas de mortalidad en estos últimos fueron, durante unos meses, sesenta veces tan malas como en los primeros (en torno a diez veces tan malas como en la población del peor de los campos de los primeros). Las dos poblaciones golpeadas por la hambruna, empero, vivían en la misma zona, y en esa zona había mucha más comida disponible en 1988 que la que había en 1984.

La diferencia esencial entre ambas era que en 1984-85 la población golpeada por la sequía de Sudán occidental fue capaz de mantener sus estrategias de supervivencia. Este fue, de lejos, el factor más importante para la supervivencia de la gran mayoría de la población durante esa hambruna. Si tomamos la población de la región de Darfur durante los dos años de la hambruna, los alimentos producidos por los propios agricultores representaron no más del 35% del sus necesidades

Tabla 1

Sahel de África Occidental 1970-73	un grado bajo cero
Etiopía 1987, Etiopía 1990-91	menos 1-2
Sudán Occidental 1984-85	menos 3
Norte de Etiopía 1973	menos 4
Colinas del Mar Rojo, Sudán 1985	menos 5
Norte de Etiopía, general 1984	menos 6
Karamoja, Uganda 1980	menos 9
Norte de Etiopía (zonas peores) 1984	menos 10
Campos de reasentamiento, Etiopía	menos 15
Sudaneses del sur desplazados 1988	descendiendo hasta menos 240

de consumo de alimentos. La ayuda alimentaria satisfizo sólo el 10%. El saldo restante fue cubierto en parte pasando hambre, y sobre todo con originalidad e inventiva. Las "estrategias para arreglárselas" que se pusieron en práctica, en un orden de importancia aproximado, fueron las siguientes:

- comer alimentos silvestres;
- emigrar para trabajar por cuenta ajena en las fincas agrícolas;
- el pequeño comercio y el trabajo ocasional en las ciudades;
- la venta de animales;
- pedir prestado;
- recurrir a la caridad de familiares y vecinos más ricos;
- y otras muchas actividades.

Estas estrategias de supervivencia fueron, acumulativamente y como agregado, al menos cinco veces más importantes que la ayuda alimentaria para ayudar a la gente a sobrevivir a la hambruna (También podríamos señalar que la ayuda alimentaria llegó tarde y la mayor parte fue a parar a la gente equivocada, de forma que para los realmente pobres sólo proporcionó de hecho, y como mucho, el último 10%).

Además, los agricultores pudieron conservar sus tierras, y utilizarlas. La hambruna finalizó en 1985 con una buena cosecha. Pero esa cosecha no surgió de la nada: los cultivos fueron sembrados y cuidados por las propias "víctimas" de la hambruna, justo durante los últimos y peores meses de hambre. De igual forma, muchos pastores pusieron fin a la hambruna con algunos animales a los que habían alimentado y dado agua durante los largos meses de sequía y hambre; animales que habrían podido consumir ellos mismos o vender en cualquier momento para comprar alimentos. No sólo sobrevivió casi todo el mundo, sino que sobrevivieron con la base económica de su subsistencia intacta, de tal forma que pudieron volver a la autosuficiencia cuando la hambruna acabó.

Hambruna y contrainsurgencia: Sudán 1988 (4)

La diferencia entre esta imagen de tenacidad y supervivencia y el cataclismo de 1988 entre los desplazados del sur se debe a los métodos contrainsurgentes del Gobierno de Sudán. En 1984 no había

guerra en el Sudán occidental. La naturaleza antidemocrática del gobierno —caracterizado por la falta de responsabilidad de los políticos y por la ausencia de una prensa libre— llevó a que el Gobierno pudiera ignorar el desarrollo de la hambruna y no hacer nada para iniciar los programas de socorros. Pero ello no destruyó los medios de vida de la población rural ni impidió que ésta siguiera sus estrategias de supervivencia. En el sur, en 1988, precisamente estas fueron las cosas que hizo.

La actuación gubernamental, por medio del Ejército y las milicias, tuvo dos efectos principales. En primer lugar, destruyó la base productiva de la sociedad Dinka. La tierra fue inutilizada a través de las amenazas de saqueo o del envenenamiento de los pozos, y en algunas zonas a través de la siembra indiscriminada de minas terrestres. Mataron a los animales o los robaron. La gente fue forzada a dejar sus tierras y pastos y se la empujó hacia el norte o a buscar refugio en localidades cercanas. El comercio fue destruido o desarticulado.

En segundo lugar, la actuación del Ejército y de las milicias impidió que la población pudiera mantener sus estrategias de supervivencia. La más importante de esas actuaciones fue, por lejos, el impedir la libre movilidad de las personas. Ello descartó la posibilidad de la migración laboral, de recolectar alimentos silvestres en el bosque, de viajar para pedir ayuda a los familiares, o de vender bienes en el mercado. Muchas de las estrategias de supervivencia que habían sido importantes en 1984-85 dependían de la movilidad, y una prohibición del mismo equivalía a una sentencia de muerte. La única oportunidad para la población era emigrar totalmente fuera de la zona de contrainsurgencia; esto es, una caminata de 1.000 millas a Jartum o a Etiopía. Otras actuaciones que desarticularon o impidieron las estrategias de supervivencia incluyeron impedir que la gente trabajara a cambio de dinero, impedir la recolección de alimentos silvestres, impedir el libre comercio —suspendiendo los mercados o fijando los precios— y, por último, impidiendo el acceso a la ayuda alimentaria y la asistencia médica.

Vemos así que la obstrucción de la ayuda alimentaria, aunque fue importante, fue sólo una parte de un escenario más amplio de abusos. Si la obstrucción de la ayuda alimentaria —el último 10%— es motivo de preocupación para las organizaciones de derechos humanos, también deben serlo los impedimentos a las estrategias que hubieran podido proporcionar el primer 90%.

Etiopía

Etiopía es muy conocida por sus hambrunas, y el Gobierno etíope es muy conocido por sus violaciones de los derechos humanos [Nota del editor: este artículo fue escrito antes de la caída del régimen de Mengistu]. Los dos hechos están íntimamente unidos, aunque Etiopía muestra una pauta de abusos causantes de hambrunas diferente a la que se observa en Sudán.

Algunas de las prácticas que en Etiopía han convertido las penurias en hambruna, y la hambruna en muertes masivas por inanición, incluyen las siguientes:

- Las expulsiones y desplazamientos masivos causados por campañas militares, de reasentamiento y de concentración de la población en pueblos.
- Las requisas de producción por parte del Ejército.
- La destrucción de aperos agrícolas, cosechas y animales por parte del Ejército.
- El sistema de fijación de precios y de cuotas de adquisición a los campesinos por parte de la Corporación de Comercialización Agraria.
- El miedo a desplazarse a las ciudades de los campesinos, temerosos del reclutamiento forzoso y del desplazamiento forzado.
- La fuerte presión fiscal.
- Las prohibiciones al libre comercio, y el bombardeo de los mercados en las zonas rebeldes para impedir el comercio.
- La desviación, obstrucción y destrucción de la ayuda alimentaria.

Algunas de estas actuaciones gubernamentales se asocian con métodos contrainsurgentes, y otras se vinculan con la planificación centralizada de un Estado totalitario, en la que no existen controles. En general, las hambrunas del norte del país se asocian principalmente con la contrainsurgencia, y en el sur con una mala planificación aplicada de forma despiadada. El Tigray, quizás la región más duramente golpeada en 1984, sufrió la campaña de contrainsurgencia más brutal, en particular la séptima y octava ofensivas del Ejército etíope, y prohibiciones sobre el comercio y la movilidad que se cumplieron de forma implacable. Wollo, golpeada con casi la misma intensidad, sufrió tanto medidas de contrainsurgencia como desastrosas políticas agrícolas.

Estos factores tuvieron una gran importancia en la gestación de la hambruna en 1984. Fueron mucho menos importante en la provincia etíope del Tigray en 1987 y en especial en 1989-90, a pesar de la mayor atención que le otorgaron a la guerra los medios de comunicación internacionales. Ello se debió a que en 1987 los frentes rebeldes controlaban una superficie mucho mayor del país, y por ello las políticas gubernamentales y las estrategias militares tuvieron un impacto mucho menor. Hacia 1989 el Gobierno había sido expulsado de la totalidad del Tigray. Al contrario que en 1984, por consiguiente, hubo pocos combates y no se ejerció control gubernamental. El efecto de la guerra fue aislar al Tigray de la mayor parte de la ayuda externa. Ello se presentó como un desastre para la población. Sin embargo, no hay duda de que la gente del Tigray hubiera preferido no tener ayuda, pero tampoco ataques y controles del Gobierno, que tener ayuda y una presencia gubernamental.

Libertades políticas y hambruna (5)

Cuando aparece la hambruna en una sociedad sin una prensa libre y sin instituciones políticas democráticas, hay pocas presiones sobre el gobierno para que haga algo para solucionarla. En promedio, los africanos comen más que los indios. Pero la India no ha padecido hambrunas desde hace más de cuarenta años, y esto puede ser atribuido en gran medida a la prensa libre y a la política de confrontación de ese país. (El otro factor del éxito de la India es la voluntad gubernamental de intervenir en la economía para ayudar a los pobres en momentos en los que amenaza la hambruna).

La gran hambruna de 1958-61 en la China socialista ha sido un acontecimiento atribuido en parte a la falta de información sobre la crisis, que se derivó del "Gran Salto Adelante" de Mao, y a la estricta censura que conllevaba. Los políticos que eran conscientes de la crisis no podían hacerla publica ni organizarse para representar los intereses de la población vulnerable debido a un sistema político autoritario. De la misma manera, la hambruna de 1984-85 en el capitalista Sudán puede en parte se atribuida a los estrictos controles impuestos a la prensa y a las actuaciones gubernamentales contra los grupos que trataron de organizarse en nombre de la población que sufría su azote. El Gobierno de Sudán no quiso desalentar la inversión privada admitiendo la vergüenza de una hambruna.

Estos ejemplos muestran que los derechos políticos —a la información, a la libertad de asociación, a la representación— son importantes para luchar contra la hambruna, independientemente del sistema económico existente. Son importantes en dos sentidos. Uno, el libre flujo de la información supone que los grupos más poderosos conocen las dificultades que sufren los pobres. Dos, los derechos de asociación y representación suponen que los pobres son capaces, a través de una política de oposición civil, de presionar para que se satisfagan sus necesidades materiales. Estos derechos son una preocupación directa de las organizaciones de derechos humanos, tanto por su valor en sí mismos, como porque su violación hace a un país vulnerable a la hambruna.

Libertades económicas y hambruna (6)

Algunas de las medidas que en Etiopía fueron causantes de la hambruna, como la política de adquisiciones y de precios de la Corporación de Comercialización Agraria, o el sistema de licencias para los pequeños comerciantes, no se encuentran dentro de la competencia de una organización de derechos humanos por razones obvias. Son violaciones de las libertades económicas, que normalmente no se contemplan como derechos humanos básicos. En un periodo de normalidad serían preocupación tan sólo de los responsables de la política económica y de los ideólogos del libre mercado. Sin embargo, cuando la población rural ya dejó de vivir en una periodo de normalidad, y se ve empujada a los límites de la supervivencia, estas cuestiones pueden significar la diferencia entre la vida y la muerte.

¿Cómo podemos aplicar un análisis de derechos humanos sobre estas actuaciones gubernamentales? Un enfoque es tomarse seriamente las libertades económicas. Las explicaciones sobre Sudán en 1988 y sobre Etiopía implican que una política de *laissez faire* que respete las libertades económicas puede ayudar a prevenir la hambruna. En estos casos, ciertamente podría. Pero esto no se sostiene en otros casos. En conjunto, los países socialistas son mejores que los capitalistas para superar la hambruna. El capitalismo permite a los ricos el ejercicio, durante la hambruna, de libertades económicas como la especulación en los mercados de grano o la adquisición a muy bajo coste de tierras y activos, que contribuyen a empeorar

las cosas para los pobres. En el capitalista Sudán, los mercaderes continuaron exportando grano durante las hambrunas de 1984 y 1988.

Cuando las hambrunas golpean a los países socialistas, éstas tienden a ser particularmente malas. En una economía de planificación central, la gente se ve forzada a depender del Estado, y cuando éste falla, tienen pocas alternativas para apoyarse por sí mismos. Los países capitalistas pueden ser más propensos a las hambrunas, pero es menos probable que éstas degeneren en hambrunas graves, porque el sistema permite que haya más estrategias de supervivencia a nivel local.

No podemos presentar un argumento sólido para una crítica del socialismo desde los derechos humanos, a partir de la base de que cuando éste falla, conduce a un tipo de hambruna particularmente grave.

También debemos hacer notar que la negación de las libertades económicas en Sudán en 1988 se produjo como resultado de las estrategias de contrainsurgencia de un Gobierno capitalista. La planificación central socialista no tuvo que ver con ello. Más aún, aunque las desastrosas políticas gubernamentales —criticadas tanto por capitalistas como por socialistas— fueron causa de un gran empobrecimiento y miseria, e incluso de hambruna, las graves hambrunas estuvieron vinculadas con la violencia sistemática. Parte de esa violencia se perpetró durante las campañas de contrainsurgencia, y parte durante la brutal puesta en práctica de programas de ingeniería social.

Las libertades económicas, por consiguiente, no se vinculan con la hambruna de una forma simple. En ciertos casos, la negación de las libertades económicas puede ser un factor crítico para convertir una hambruna leve en una grave, pero en muchos casos las economías de planificación central proporcionan más alimentos a los pobres que las de libre mercado. La cuestión que debe preocupar a una organización de derechos humanos no debiera ser tanto el hecho de que una libertad económica sea abrogada, sino que el resultado de la acción sea la creación de miseria aguda, de hambruna grave o de muerte por inanición. La ética es esencialmente utilitaria (como en el utilitarismo, un enfoque centrado en los derechos materiales es más poderosa cuando se analiza la privación y la miseria que cuando se analiza la plenitud y la felicidad). Debemos hacer notar, además, que esto suele ocurrir cuando un gobierno utiliza la violencia o la coerción.

Hambrunas por contrainsurgencia

Las peores hambrunas son las causadas por operaciones de contrainsurgencia. Estas son motivo de preocupación para las organizaciones de derechos humanos por diversas razones:

1 Las operaciones de contrainsurgencia que originan la hambruna suelen incluir violaciones sistemáticas y generalizadas de los derechos humanos básicos, incluyendo asesinatos y saqueos masivos.
2 Las operaciones de contrainsurgencia suponen graves restricciones a las actividades económicas, incluyendo la capacidad de utilizar los recursos productivos (esto es, cultivar alimentos), y las libertades de movimiento, comercio, etc.
3 En las operaciones de contrainsurgencia la creación de una hambruna de forma deliberada es a menudo la meta del gobierno.

Conclusión

La hambruna es una cuestión en la que se unen los derechos materiales y los derechos humanos liberales. Es un hecho importante que a menudo ha sido olvidado, y la ética del humanitarismo apolítico que informa la mayor parte de la discusión sobre las hambrunas contribuye a que se pase por alto esta cuestión. El enfoque humanitario apolítico —proporcionar ayuda alimentaria para todos sin preocuparse por las consecuencias políticas de ello— también se ha mostrado manifiestamente inadecuado para resolver el problema de la hambruna. Esto ocurre porque la ayuda alimentaria proporciona, en el mejor de los casos, "el último 10%" que permite sobrevivir a la población azotada por la hambruna, y suministrar esta ayuda sin plantearse preguntas, puede ayudar a que los gobiernos inflijan el daño que es la primera causa de la hambruna.

El análisis de este artículo supone un enfoque completamente distinto frente a las hambrunas, particularmente aquellas que se asocian con operaciones de contrainsurgencia. Si a un gobierno se le requiere que deje de perpetrar los abusos que están originando la hambruna —o están convirtiendo una hambruna suave en una grave y de esta forma elevando las tasas de mortalidad diez o más veces—, ello tendrá mucho más impacto que proporcionar socorros alimentarios. Las recomendaciones específicas pueden incluir que se de

libertad de movimientos a las personas, que se permita que la gente recolecte alimentos silvestres o que busque trabajo, permitiendo que los alimentos "comerciales" se desplacen libremente a través de las líneas de combate, que cesen las incursiones contra poblaciones civiles, y que se detengan las requisas forzadas de cultivos.

Además, si se respeta el derecho a la información, a la asociación y a la representación política, es probable que la hambruna sea detenida en sus inicios.

Tales medidas serían la verdadera medicina frente a la hambruna, más que el actual enfoque de poner un mero esparadrapo que oculta la heridas, sólo para permitir que éstas se infecten.

Notas

1 Watts, M. (1983), *Silent Violence. Food, Famine and Peasantry in Northern Nigeria*, University of California Press
2 Los fundamentos teóricos de este argumento es presentan en un documento del mismo autor de este artículo: "A re-assessment of entitlement theory in the light of the recent famines in Africa", *Development And Change*, vol. 21, 1990, pp. 469-490
3 Este apartado se basa en los capítulos 4 a 7 de A. de Waal, *Famine that Kills: Darfur, sudan, 1984-1985*, Oxford: Oxford University Press
4 Este apartado se basa en el capítulo 4 de *Denying "The Honour of Living", Sudan: A Human Rights Disaster*, Africa Watch, marzo de 1990
5 *Starving in Silence: A Report On Famine And Censorship*, Article 19, abril de 1990
6 Ver J. Dréze y A. Sen, *Hunger an Public Action*, Oxford: Oford University Press, 1990

El autor

A Alex de Waal se le concedió el doctorado en la Universidad de Oxford por su tesis, publicada en 1989 por Oxford University Press con el título *Famine that Kills: Darfur, Sudan, 1984-1985*. Ha trabajado para Oxfam como consultor en el Tigray, y actualmente es el Co-director de African Rights.

Este artículo fué publicado por primera vez en *Development in Practice,* Volumen 1, número 2 (1991).

"Bailando con el príncipe":
Estrategias de supervivencia de las ONG en el conflicto de Afganistán

Jonathan Goodhand y Peter Chamberlain

Introducción

En la era de la democratización y el buen gobierno, las ONG se han convertido en el "hijo predilecto" de los donantes, con acceso a crecientes recursos e influencia (Edwards y Hulme, 1995). Se las considera tanto "actores de mercado", más eficientes y económicas que los gobiernos, como los agentes de la democratización, y como parte esencial de una pujante sociedad civil (Korten, 1990; Clark, 1991). Los donantes oficiales demuestran su apoyo al papel económico y político de las ONG en lo que se ha llamado "Agenda de Nuevas Políticas" canalizando fondos a través de ellas (Edwards y Hulme, op. cit.). Un funcionario de USAID señaló a este respecto: "De esta forma conseguimos que nuestra pasta cunda el doble" (Larmer, 1994). Este consenso se sustenta en el supuesto de que la democracia política y el desarrollo socioeconómico se refuerzan mutuamente. El Estado, el mercado y la sociedad civil —a los cuales, siguiendo a Korten (1990) nos referiremos como *el príncipe, el mercader* y *el ciudadano*— se relacionan en una serie de círculos virtuosos. Un principio fundamental del "saber popular" de las ONG dice que las éstas promueven y fortalecen la sociedad civil, y por tanto obligan al príncipe y al mercader a rendir cuentas públicamente con mayor asiduidad.

Hay, sin embargo, algo de triunfalismo en el discurso sobre el Nuevo Orden Mundial y en la creencia de que las ONG son "parte de la urdimbre y la trama de la democracia" (Larmer, op. cit.). Estas palabras suenan falsas en un mundo caracterizado por la inestabilidad, la fragmentación y la profundización de la pobreza. Lejos de "democratizar el desarrollo", las ONG son a menudo las suministradoras de paliativos a las facciones que se enfrentan en los conflictos (Slim, 1994). En vez de promover la responsabilidad pública, las ONG están quizás "bailando al son de la música del príncipe", ya sea el príncipe un gobierno, un movimiento insurgente o el jefe de una milicia local. Debemos poner en cuestión los supuestos en los que se basa la mitología sobre las ONG, y los donantes deben basar sus acciones en una valoración realista de las capacidades de las ONG, y no en los supuestos del "saber popular" de las ONG.

Antecedentes del conflicto de Afganistán

El fin de la guerra fría no ha supuesto el fin de la historia, como apuntaba Fukayama (Rupesinghe, 1994). Lejos de ser un "Nuevo Orden Mundial", el mundo actual se caracteriza por un peligroso desorden, en el que la inestabilidad política es endémica.(1)

La guerra de Afganistán es un poderoso ejemplo de los conflictos contemporáneos, a menudo llamados "emergencias políticas complejas" (EPC), que se caracterizan por la combinación de múltiples causas, como los conflictos civiles y étnicos, el hambre, los desplazamientos, las disputas por la soberanía, y el desmoronamiento del gobierno nacional. El conflicto de Afganistán tuvo su origen en una compleja mezcla de factores, causados por años de precario desarrollo, la política de la guerra fría, la militarización y los cismas tribales y étnicos. Así pues, este conflicto pone de relieve muchas cuestiones de crucial importancia: la quiebra del Estado-nación, la etnicidad, el fundamentalismo, el nacionalismo, el desplazamiento, la soberanía y el papel de los organismos humanitarios.

Las EPC no son crisis temporales después de las cuales la sociedad vuelve a la normalidad; tienen características estructurales de largo plazo, y se derivan de los fracasos del desarrollo. A mediados del decenio de los setenta, Afganistán se había convertido en una sociedad esquizofrénica, con una élite urbana cuya idea de un Estado fuerte y unificado no se correspondía con las lealtades tribales y étnicas de una población predominantemente rural. De estas contradicciones surgieron los movimientos socialista e islamista. Uno y otro se basaban en el "mito de la revolución", y fue el choque entre estas ideologías el que actuó como catalizador del conflicto.

La "libanización" de Afganistán

El conflicto de Afganistán se caracterizó por la implosión del Estado-nación, el desarrollo de movimientos políticos rapaces y economías de guerra, y la erosión de las estructuras en el seno de la sociedad civil. Macrae y Zwi (1992) describen, en el contexto de África, cómo la producción y la distribución, así como la restricción de movimientos y la desarticulación de los mercados, se convirtieron en los objetivos deliberados de los contendientes. En Afganistán, en el decenio de 1980, las economías rurales de subsistencia fueron destruidas deliberadamente por las fuerzas soviéticas, y se recurrió al terror para intimidar a la población, un tercio de la cual fue desplazada a Irán y Pakistán.

La retirada de las tropas soviéticas en 1988 no marcó el fin del conflicto. Se produjo a continuación un proceso de "libanización" (Roy, 1989) en el que volvieron a surgir las contradicciones internas del movimiento de resistencia. El conflicto se transformó así de una guerra de contrainsurgencia con una base aparentemente ideológica en un conflicto caracterizado por el caudillaje y el bandolerismo. El panorama general se caracteriza por la incertidumbre y la turbulencia; las alianzas cambian constantemente, y en el conflicto violento se intercalan episodios de paz frágil. Los "príncipes" rivales tienen interés personal en que continúe el desorden; cuando sus fortunas se basan en la coacción y, cada vez más, en el comercio del opio, tienen poco que ganar con

un Estado emergente. El conflicto ha pasado a ser la norma, no la excepción. Pocos donantes están dispuestos a reanudar la ayuda bilateral a Afganistán cuando el diálogo con un gobierno central fuerte sigue siendo imposible. Afganistán se ha convertido en el clásico "Estado débil" (Duffield, 1994), aquejado de una inestabilidad sistemática y con una importancia estratégica en declive en el escenario mundial.

Príncipe, mercader y ciudadano: nuevos papeles en Afganistán

El modelo de complementariedades funcionales de Korten entre el príncipe, el mercader y el ciudadano no tiene mucho sentido en el conflicto de Afganistán. Las nuevas divisiones en la sociedad afgana se basan en la lealtad política y la riqueza. Las EPC se caracterizan a menudo por la aparición de economías paralelas que escapan al control del Estado. Los nuevos "príncipes" de Afganistán son los comandantes y los mulás. Le economía de Jalalabad, por ejemplo, se basa ahora en gran medida en el contrabando, la producción de opio y el bandolerismo, y son los comandantes quienes controlan y fomentan esa economía.

Cuando se entra en Jalalabad, una larga hilera de vehículos repintados en venta a los márgenes de la carretera, en su mayor parte robados en Peshawar, ofrecen un sombrío recordatorio de cuáles son las fuerzas que controlan realmente la zona. (Cutts, 1993: 14)

La sociedad civil está profundamente segmentada y las lealtades de la gente se dirigen a la familia, el clan y el linaje, antes que a la comunidad. Las lealtades de parentesco han sido siempre más fuertes que las obligaciones para con el Estado. Dupree (1989, pág. 249) describe el "manto de barro" que los aldeanos levantan para protegerse de las incursiones del Estado:

... cuando los equipos de modernización se van, los aldeanos remiendan los desgarros de su manto de barro y vuelven a sus antiguos hábitos de reafirmación grupal.

La fragmentación de la resistencia ha conducido a un proceso de retribalización; las lealtades políticas han disminuido en favor de una renovada conciencia étnica. Los tayikos, los hazaras y los uzbekos, por ejemplo, han encontrado una nueva reafirmación étnica como consecuencia de la guerra. Es difícil contemplar esta sociedad crónicamente anárquica y dividida en términos que no sean hobbesianos. Las aldeas han experimentado el mismo proceso de fragmentación, tras haberse llevado la guerra muchas de las estructuras tradicionales, y haberles dejado en un vacío institucional que ha sido llenado posteriormente por los comandantes militares.(2) Hay pocos cimientos estables sobre los que reconstruir.

El conflicto ha producido un cóctel explosivo en el que se han erosionado las restricciones tradicionales y estatales, mientras que los medios tecnológicos para el ejercicio de la guerra se han hecho más complejos. Las ONG están ocupando el espacio que deja la quiebra del Estado, por lo que, en ausencia de instituciones gubernamentales efectivas, ejercen una gran influencia.

La respuesta humanitaria

La respuesta humanitaria al conflicto de Afganistán refleja las tendencias de la distribución global de la ayuda. Aunque los presupuestos para el desarrollo están estancados, se ha registrado un notable aumento de la ayuda humanitaria y, desde el decenio de 1980, una potenciación del papel de las ONG. En el periodo de la guerra fría, durante el cual la ONU se vio constreñida por consideraciones de soberanía nacional, las ONG intentaron suministrar ayuda humanitaria en zonas en litigio (Duffield, op. cit.). Las ONG "acuden allí donde los soldados y los burócratas tienen miedo de pisar" (Larmer, op. cit.), un fenómeno perpetuado por la subcontratación de ONG en ámbitos en los que los organismos multilaterales y bilaterales no pueden o no están dispuestos a involucrarse, como los controvertidos programas transfronterizos.

Tras la ocupación de Afganistán por tropas soviéticas en 1979, prácticamente todos los programas de desarrollo occidentales llegaron a su fin. (3) Las ONG intervinieron mediante programas transfronterizos no contemplados en su mandato. Hasta 1988, las ONG fueron el principal medio por el que se suministró ayuda humanitaria y de rehabilitación a zonas en poder de los *muyahidin*. La intervención tuvo una escala limitada en sus comienzos, con la participación de menos de 15 ONG y por un montante de entre 5

y 10 millones de dólares al año. En 1991, sin embargo, unas 100 ONG participaban en operaciones de esa índole. En 1989, sólo el gasto total del gobierno de Estados Unidos fue de 112 millones de dólares (Nichols y Borton, 1994).

Los Acuerdos de Ginebra de 1988 incluían un acuerdo en virtud del cual, bajo los auspicios de la ONU, la comunidad internacional debía llevar a cabo un programa sustancial de ayuda y rehabilitación en el interior de Afganistán. El Secretario General de Naciones Unidas designó un coordinador para Programas de Asistencia Humanitaria y Económica Relacionados con Afganistán (UNOCA), a fin de ayudar a movilizar y coordinar los recursos. UNOCA (y muchos donantes internacionales) prefirieron reforzar la capacidad de las organizaciones afganas para gestionar sus propios asuntos, y la "afganización" o "desextranjerización" entró en el léxico de los organismos basados en Peshawar.

UNOCA y otros organismos de la ONU fomentaron de este modo la formación de ONG afganas (ONGA), que después fueron subcontratadas para actividades específicas. El ámbito de la eliminación de minas ilustra este proceso. En este ámbito, a la vista de la limitada capacidad de las ONG existentes, se crearon tres para abarcar diferentes zonas de Afganistán (Nichols y Borton, 1994).

En 1994 había más de 200 ONGA registradas (Barakat *et al.,* 1994), a menudo llamadas mordazmente "ONG de la ONU", como reflejo de la idea de que eran una mera invención de los donantes. Sin embargo, las ONGA se han convertido en los actores principales del trabajo de ayuda y rehabilitación transfronterizo. En 1991, aproximadamente el 21% del presupuesto de dos millones de dólares del PNUD se canalizaba a través de ONGA, mediante 66 proyectos o contratos (Carter, 1991).

Tipología de las ONG afganas

El término "ONG afganas" abarca diversos tipos de organizaciones, muchas de las cuales sólo guardan una ligera relación con la familia de las ONG. Carter (op. cit.), por ejemplo, afirma que la expresión "Agencia Ejecutora Afgana" sería más exacta. Rahim (1991, citado en Nichols y Borton, op. cit.) distingue cuatro tipos:

1 ONG independientes formadas por profesionales sin filiación.

2 ONG respaldadas por *shuras* (grupos de ancianos) y comandantes locales.
3 ONG fundadas por partidos políticos, ya sea individualmente o en coalición.
4 ONG fundadas por organizaciones internacionales (Naciones Unidas u ONG internacionales).

Podría añadirse un quinto tipo, las "ONG de maletín", es decir, las que sólo existen de nombre, creadas para responder a la fácil disponibilidad de financiación exterior. En la práctica, la mayoría de las ONGA son híbridas: todas, por ejemplo, tienen que desarrollar vínculos con los partidos, los comandantes y las administraciones locales, tanto si son "productos derivados" de la ONU como si se trata de "empresas consultoras" profesionales. La mayoría han nacido desde arriba hacia abajo, y ahora tienen que trabajar hacia atrás para encontrar una base apoyo en la comunidad (Carter, op. cit.).

Las ONG afganas: la respuesta al conflicto

Inevitablemente, esta diversidad ha suscitado valoraciones diversas sobre las funciones y la actuación de las ONGA. Hay quienes afirman que las ONGA podrían llegar a ser los agentes de la transformación y reconstituir la sociedad civil afgana desde abajo. Los críticos sostienen que detrás de la mayoría de las ONGA se encuentra un iniciador extranjero y, por tanto, una definición foránea de la respuesta a la necesidad afgana. Los pragmáticos ven un papel limitado para las ONGA, básicamente como mecanismos contratados para la entrega de asistencia de socorro.

Las EPC han acelerado los cambios en el pensamiento y la práctica de los organismos humanitarios, dando lugar a la necesidad de revisar las ideas de cambio y causalidad (Roche, 1994). La ayuda y el desarrollo no son procesos diferenciados que avancen por separado; los imperativos son semejantes en lo que se refiere a abordar las vulnerabilidades y desarrollar las capacidades para que las comunidades puedan hacer frente al cambio y sobrevivir a conmociones futuras (Anderson y Woodrow, 1989).

Algunos dirían que las ONGA podrían ir más allá del paradigma de dominante de los socorros y promover nuevas formas de acción pública que desarrollen las capacidades locales y fomenten la

paz. En vez de "bailar con el príncipe", constituyen una fuerza que compensa el a menudo arbitrario poder del príncipe.

Los detractores del fenómeno de las ONGA sostienen que fueron una respuesta oportunista a una demanda impulsada por los donantes. Los organismos humanitarios suelen responder a las crisis prolongadas "[sustituyendo] enfoques bien elaborados, participativos, y que van 'de abajo a arriba', reintroduciendo programas de choque 'de arriba abajo' impulsados de forma centralizada, que fueron desestimados hace tiempo por los organismos más serios y experimentados" (ACORD, 1993: 3). Baitenmann (1990) sostiene que la mayoría de las ONG que trabajaban a ambos lados de la frontera fueron agentes de intereses políticos conscientemente. La cooperación sobre el terreno con los combatientes significó que las ONG hicieron pagos directos a la economía de guerra. Muchos proyectos de "dinero por trabajo", por ejemplo, a menudo se reorientaron para financiar actividades militares de los comandantes. Aunque las ONG podrían invocar el concepto de humanitarismo neutral, "bailar al son de la música del príncipe" se ha convertido para ellas en una estrategia de supervivencia esencial.

Una interpretación más pragmática del papel de las ONGA señala que estas organizaciones están comprometidas en una operación de contención. Como señalan Johnston y Clark (1982: 13), "cuando el poder se enfrenta cara a cara con la persuasión, el poder gana". Optando por el no enfrentamiento, las ONGA pueden crear cierto margen de maniobra para sí mismas y para los grupos "pro ciudadanos" de la sociedad civil. También pueden desempeñar un papel en la protección y formación de futuros líderes, como han hecho en América Latina (Garilao, 1987).

Un cambio positivo en este contexto sólo puede tener lugar mediante un proceso de "transformación a través del sigilo" (Fowler, 1993). Las ONGA tienen un papel "con dos rostros, como Jano" (Edwards y Hulme, op. cit.), en el que afirman ser apolíticas, pero tienen una agenda básica de apoyo a la democratización y la paz.

La relación entre las ONGA y el príncipe

La respuesta humanitaria a las EPC se caracteriza por la divergencia entre la retórica de la neutralidad y la realidad de una ayuda cada vez más politizada. En Afganistán, esta respuesta ha pasado a formar parte de la economía política de la violencia. Las operaciones transfronterizas formaron parte de una batalla política e ideológica de la guerra fría contra los soviéticos. Las ONG transfronterizas fortalecieron la base de la insurgencia, al legitimar con su mera presencia a los rebeldes (Baintenmann, op. cit.). Podría preguntarse si las ONG fortalecían efectivamente a la sociedad civil, o más bien intentaban configurarla de una manera que los actores externos consideraban deseable. Hoy en día, Afganistán ha perdido su valor estratégico y es ya lo que Duffield (op. cit.) califica de uno de los "estados débiles" que se encuentran al margen de la economía global. La mayoría de los actores occidentales han hecho, o están haciendo, una retirada estratégica. El goteo de asistencia humanitaria continúa como característica de la "adaptación a la violencia" de Occidente (Duffield, op. cit.), y la creación de ONGA puede haber facilitado esta retirada (Marsden, 1991).

Bailar con los comandantes y los partidos

Las ONGA tienen dos opciones en el trabajo transfronterizo: cooperar con autoridades civiles como los *shuras*, o desarrollar vínculos con los comandantes. Al principio, la segunda opción era la única factible, pues los comandantes eran los auténticos titulares del poder en cualquier localidad. A cambio de "protección", los comandantes exigían una parte de la generosidad de los donantes. Las ONG tenían una repercusión real en el equilibrio de poder local, al apoyar a unos comandantes y no a otros. De este modo, podrían haber contribuido a los conflictos locales y a reducir la cohesión social. Las distribuciones de dinero por alimentos a comienzos del decenio de 1980 son un ejemplo extremo, en el que se sospecha que programas deficientemente supervisados proporcionaron a los comandantes de los *muyahidin* fondos para sus actividades militares. Algunos donantes estuvieron dispuestos a aceptar "niveles de desperdicio" de hasta el *40%* en sus programas en Afganistán (Nichols y Borton, op. cit.).

La canalización de la ayuda a través de los comandantes y los partidos ha sentado unos precedentes con los que a las ONG les resulta difícil romper. A medida que la asistencia militar disminuía, la ayuda humanitaria cobraba importancia como fuente de patronazgo para los comandantes. Muchas ONG se han convertido en una extensión de la relación patrón-cliente entre los comandantes y las comunidades, y los aldeanos asocian claramente a determinados comandantes con ciertas ONG (Goodhand, 1992). El dilema es que los proyectos no sobrevivirán si constituyen una amenaza para los titulares del poder establecidos; pero a menos que mantengan las distancias, pasan a formar parte del sistema de patronazgo. La supervivencia depende de la comprensión de las configuraciones del poder locales, y el éxito depende de la capacidad para recurrir a esta autoridad sin ser cooptados por ella. La línea que separa la supervivencia como medio para alcanzar un fin, y la supervivencia como fin en sí misma, es muy tenue.

Las ONGA han adoptado diversas estrategias para seguir siendo operativas en un entorno turbulento. De algunas de ellas nos ocupamos a continuación.

El factor humano

La importancia que tiene la creación de espacios para la acción queda ilustrada con el comentario del director de una ONGA, que afirmó que había dedicado el 80% de su tiempo a cuestiones políticas, el 15% a asuntos tribales, y sólo el 5% a los proyectos (Goodhand, op. cit.). Los directivos de las ONGA tienen que ser pragmáticos, y reconocen que el apoyo de los comandantes y los partidos es una condición necesaria para la supervivencia. Deben tener asimismo credenciales de los *muyahidin*, conexiones con los partidos y antecedentes familiares para forjar el apoyo y las alianzas necesarios, tanto dentro como fuera de Afganistán. Podría darse el caso de que algunos directivos de ONGA se erigiesen en líderes de la sociedad afgana en el futuro. Trabajar para una ONGA podría resultar, considerado retrospectivamente, una trayectoria profesional más inteligente que la seguida por los arribistas de los partidos políticos.

Colaboración selectiva

Las ONGA están jugando a un juego nuevo pero con reglas antiguas: un complicado juego de equilibrios para explotar la "economía de los afectos" de los partidos y los comandantes sin ser colonizadas por ellos. Sin embargo, existe el peligro de "encontrarse con la infamia a mitad del camino". La clave para crear espacios es la colaboración selectiva, en vez de la identificación con un líder en particular. Se trata de forjar alianzas estratégicas con los líderes políticos y religiosos, sin perder el margen de maniobra que se tiene.

Diversificación

Algunas ONGA han contratado a personas de diversas extracciones políticas para evitar ser partidistas y para mantener su gama de opciones y contactos. La diversificación es una estrategia esencial para la supervivencia; se trata de intentar abarcar todas las bases y hacer frente a la incertidumbre.

"Buscar culpables"

Cuando el personal que trabaja sobre el terreno está sometido a presión, suele ser capaz de desviarla culpando a una autoridad lejana, situada fuera de la red de patronazgo, ya sea la oficina principal, un asesor expatriado o el donante. Los donantes y el personal internacional pueden ser valiosos para amortiguar tales presiones sobre las ONG locales, a condición de que exista un nivel de entendimiento y confianza entre las dos partes.

Mantener un perfil bajo

Mantener un perfil bajo supone no crearse enemigos. Podría significar ocultar la propia identidad y permitir ocasionalmente que el príncipe se lleve el mérito. Es necesario un doble papel: la actuación pública despolitizada que subraya el humanitarismo, y la actuación privada que mantenga una agenda básica de trabajo de empoderamiento (Edwards y Hulme, op. cit.). Suministrar unos sacos de trigo a un comandante, o dar trabajo a algunos de sus *muyahidin*, podría ser el precio necesario para obtener beneficios a largo plazo.

Pragmatismo y valores: ¿un pacto faustiano?

¿Cuándo se convierte en un fin en sí misma la lucha por la supervivencia? ¿En qué fase la cooperación estratégica se convierte en cooptación? Muchas ONGA han caído en una especie de pacto faustiano, por el que compra la "vida eterna" al precio de su alma "pro ciudadanos". Pero todas las intervenciones representan una interacción entre el pragmatismo y los valores morales, y el peso concedido a cada cual variará con cada decisión. La gestión se convierte en la "ciencia del ir arreglándoselas como se pueda". Responder

a las demandas de los comandantes implica un constante equilibrio entre fines y medios. La coherencia se concreta en tener un firme sentido de los valores y una filosofía orientadora. "Bailar con el príncipe" puede ser un medio para alcanzar el fin último de la paz y la reconstrucción.

La relación entre las ONGA y el ciudadano

UNOCA fomentó el desarrollo de las ONGA con el convencimiento de que constituían los mecanismos más eficaces para distribuir la ayuda. Su interpretación de la dinámica cultural y política de la sociedad afgana y su red de contactos locales les permitía llegar allí donde las ONG internacionales no pueden. Las ONGA han extendido, pues, el alcance de los programas de ayuda a comunidades remotas.

Se ha dicho también que las ONGA no sólo son más eficaces, sino también más eficientes en relación con los costes. Según una evaluación del PNUD, sus costes eran significativamente más bajos que los de las organizaciones que emplean a muchos expatriados (en Carter, op. cit.). Asimismo, debido al elevado nivel de rotación laboral entre los expatriados, la continuidad era considerablemente mayor en las organizaciones afganas que en las ONG internacionales. Por último, las ONGA han impartido cursos de capacitación en el trabajo, sobre todo entre los altos directivos, que las ONG dirigidas por expatriados no pueden proporcionar. Muchos afganos están desarrollando ya habilidades de gestión de organizaciones y en el trato con donantes que serán fundamentales en un gobierno futuro (Carter, op. cit.).

Trabajar detrás del "manto de barro"

La principal ventaja de las ONGA es que fueron formadas para afganos y por afganos; por ello, tienen los instintos políticos y la conciencia cultural necesarios para actuar con sensibilidad y cautela en la compleja red de la sociedad afgana. Muchos afganos han expresado el temor de que los organismos externos socaven los valores culturales afganos. Las ONGA, sin embargo, pueden trabajar callada y cuidadosamente detrás del "manto de barro", y pueden estar produciendo, por tanto, un recurso importante: un cuadro de "intelectuales orgánicos" dotados de habilidades de movilización de la comunidad.

Género: limitaciones, aperturas y oportunidades perdidas

El conflicto ha traído nuevas oportunidades y nuevas amenazas para las ONG que intentan ocuparse de cuestiones relativas al género. Mientras que la perturbación de los años de guerra creó un entorno que pone en entredicho los papeles de género tradicionales, el resurgimiento del fundamentalismo ha tendido a restringir aún más los derechos de la mujer.

La mayoría de los proyectos de las ONG destinados a la mujer han trabajado con las refugiadas, que son relativamente accesibles. Puede que nunca vuelva a ser tan fácil llegar a mujeres de tantas partes distintas de Afganistán (Dupree, en Huld y Jansson, 1988). Sin embargo, los intentos de las ONG de trabajar con las mujeres han tendido a ser ciertamente superficiales: proyectos de artesanía y salud, por ejemplo, que no ponen en cuestión las relaciones de poder existentes. La situación de las ONGA es incómoda: por una parte, son más vulnerables que las ONG internacionales a las presiones conservadoras de una sociedad patriarcal; por otra, son más capaces de trabajar detrás del "manto de barro", donde el acceso a las mujeres está restringido a quienes poseen vínculos sociales y de parentesco. Actualmente, hay muy pocas mujeres que ocupen puestos de responsabilidad en las ONGA, y el cambio en esta dirección será lento. Pero las ONGA disponen al menos de la comprensión de las normas sociales y culturales necesaria para reconocer las oportunidades y aprovecharlas.

Aunque algunos comentaristas son optimistas en cuanto a las posibilidades de cambio social, los obstáculos son considerables.(4) Los proyectos de mujeres se asocian a menudo a los anteriores intentos de "desarrollo social" de los comunistas. El director de una ONGA con base en Pakistán pensaba que si su grupo emprendía actividades que beneficiasen a las mujeres, éste estaría fuera de la circulación en dos semanas (Carter, op. cit.). Si las ONGA afrontan directamente esta cuestión, pueden hacer peligrar todo su programa. Algunas ONGA, después de forjar su credibilidad en una comunidad, han introducido de forma gradual las actividades dirigidas a la mujer, aunque habitual-

mente en áreas tradicionales. Los éxitos futuros serán probablemente lentos y laboriosos, y requerirán sigilo en no menor medida que competencia técnica y de gestión.

Pero por muy reales que sean las limitaciones, las ONGA han evitado con harta frecuencia ocuparse de la opresión basada en el género, por considerar que es "demasiado delicada" o amenaza la cultura local (patriarcal). De este modo se han perdido oportunidades para desarrollar programas que beneficiasen directamente a la mujer en ámbitos como la agricultura, la recolección de combustible y la producción de alimentos.

¿Reorganizar la sociedad civil?

El conflicto ha brindado nuevas oportunidades en el sentido de que las ONG pueden trabajar directamente con las comunidades, sin las ataduras de la burocracia gubernamental (Marsden, op. cit.). Las ONGA pueden representar un puente importante entre el pueblo y las estructuras gubernamentales emergentes. Pueden contribuir a conectar de nuevo a la población con el Estado transmitiendo las necesidades locales al gobierno, y reduciendo el monopolio de los príncipes sobre los flujos de información. Los observadores optimistas afirmarían que las ONGA representan una vía de desarrollo alternativa para Afganistán: una alternativa a la sociedad esquizofrénica producida por la modernización. Las visiones radicales, sin embargo, pueden correr el riesgo de ser relacionadas con el comunismo.

En el Afganistán rural, los ancianos, los líderes religiosos y los *shuras* locales actúan como puntos de estabilización en un medio inestable. La mayoría de las ONGA han utilizado a estos actores como los cimientos de sus proyectos, a pesar del peligro de eludir la cuestión de la redistribución del poder y los recursos; por ejemplo, las intervenciones de las ONG en el sector agrícola corren el peligro de reforzar una estructura sumamente desigual. La cuestión es reforzar la capacidad autóctona de manera coherente con los principios humanitarios.

En vez de afrontar directamente estas cuestiones, algunas ONGA han intentado un enfoque gradualista. Centrándose en las actividades productivas, han dado una respuesta estratégica a las necesidades prácticas. Muchas ONGA, por ejemplo, han iniciado programas de *karez* (limpieza)(5). A corto plazo, estos programas mejoran el regadío y por tanto la producción de alimentos; a largo plazo, tales proyectos pueden transformarse en nuevas formas de acción colectiva. Algunos programas de *karez* han conducido a la reactivación de los consejos de regadío y a la unión de nuevas organizaciones de las aldeas en torno a los proyectos de las ONGA. Como señala Marsden (op. cit.), en la sociedad civil afgana hay pocas organizaciones por encima del nivel de base, y las ONGA pueden constituir un importante nexo. A la larga, la acción colectiva puede convertirse en un proceso de empoderamiento que satisfaga las necesidades estratégicas a largo plazo de los sectores vulnerables, calificados anteriormente de "transformación a través del sigilo" (Fowler, op. cit.).

Desmilitarizar la mente

Es ingenuo imaginar que las ONGA pueden ser las catalizadoras de un movimiento pacifista de base en Afganistán del modo en que las ONG locales han movilizado a la sociedad en, por ejemplo, Filipinas y en parte de América Latina. Cualquier transformación positiva tendrá lugar mediante cambios pequeños y graduales desde los niveles individual y comunitario hacia arriba. Se trata tanto de desmilitarizar la mente de la gente como de reunir a los príncipes en torno a la mesa de negociación. Aunque no podrían referirse explícitamente a esto como consolidación de la paz, el trabajo de las ONGA está contribuyendo a un proceso de paz en el seno de la sociedad civil. Varios directivos de ONGA sostienen que la reconstrucción y el desarrollo alentarán a los *muyahidin* a deponer las armas, al ofrecerles medios de vida alternativos viables. Sus proyectos abarcan diferentes grupos tribales y étnicos que también podrían contribuir a un proceso de paz que puede construirse hacia arriba al facilitar la cooperación local (Marsden, op. cit.).

Cuestionar la ventaja relativa de las ONGA

Organizaciones externas

El "saber popular" de las ONG dice que las ONGA son parte integral de la sociedad civil, aunque en muchos aspectos la relación entre las ONGA y la comunidad refleja la más amplia línea divisoria entre lo urbano y lo rural. En una sociedad donde sólo sabe leer entre el 5% y el 10% de la población, el personal de las ONGA representa una élite culta que alberga muchos de los sesgos y prejuicios impartidos por la educación.

Aunque el liderazgo puede ser autóctono, el modelo organizativo y la respuesta no lo son: son los de las ONG internacionales con base en Peshawar. En consecuencia, las ONGA han reproducido y cultivado muchas de las debilidades intrínsecas de sus modelos. Al igual que las ONG internacionales, las ONGA suelen tener su base en Pakistán y su estructura está descompensada, con más personal de oficina que de campo.

La falta de financiación flexible a largo plazo —incluidos los costes administrativos— ha atrapado a las ONGA en el sistema "proyecto a proyecto", reforzando así la imagen de las ONGA como proveedoras de servicios, ya que se convierten en agencias contratadas para proyectos específicos y con unos plazos temporales establecidos, elaborados según un programa de trabajo ajeno. Las ONGA no son "propiedad" de las comunidades locales; generalmente "pertenecen" a los donantes, a los comandantes o a tecnócratas afganos. Por ello, deben rendir cuentas hacia arriba, ante el donante o el comandante, pero rara vez hacia abajo, ante las comunidades.

Para las ONGA es difícil aislarse de las presiones étnicas, políticas y religiosas que las afectan. El personal está sometido a una gran presión para beneficiar a familiares y amigos, y algunas ONGA dirigidas por familias son propensas a utilizar la asistencia para mejorar la posición y el prestigio de su familia y su clan (Carter, op. cit.). Las ONGA también han sido acusadas —al igual que algunas ONG internacionales— de corrupción. A juicio de Baitenmann (op. cit.), fueron al menos cómplices en un programa de socorros que estuvo plagado de corrupción. Y debido al carácter clandestino de su trabajo, las ONG transfronterizas se vieron involucradas inevitablemente en una red de corrupción, obligadas a pagar sobornos a funcionarios policiales o gubernamentales de Pakistán, y tributos de protección por el derecho a viajar dentro del país.

La mayoría de las ONGA fueron fundadas por individuos carismáticos que han conservado el control sobre su organización cuando ésta ha crecido. Esto ha puesto inevitablemente en evidencia a estos directivos afganos ahora poderosos, situación acentuada por la fluidez política de la sociedad afgana y por la amarguras generada por el conflicto. En los últimos años han sido asesinados algunos empleados de ONGA. Tener un buen instinto político es fundamental para la supervivencia, tanto en el sentido literal como figurado del término. Esta situación incide negativamente en los estilos de gestión abiertos y participativos. El líder no está dispuesto a delegar la autoridad debido a las posibles consecuencias que una "mala" decisión podría acarrear, por lo que la planificación estratégica suele estar supeditada a la gestión de las crisis. Las relaciones entre el centro y el campo de operaciones se tornan jerárquicas, con un personal de campo que tiene escasa autoridad o estatus, y sólo a los altos directivos de la oficina principal se les permite ver el cuadro completo.

Presos de un paradigma de socorros

Hay algunas pruebas que indican que la dirección general del cambio en los enfoques de las ONG ha seguido el modelo descrito por Korten: del enfoque de socorros y bienestar de la "primera generación", hacia el estadio de desarrollo comunitario de la "segunda generación", y en algunos casos hacia el estadio de "desarrollo de sistemas sostenibles" de la "tercera generación" (Korten, op. cit.). Algunas ONG transfronterizas adoptan conceptos del desarrollo relacionados con la participación, la supervisión y la evaluación comunitaria, el análisis participativo de las necesidades, etc. Sin embargo, están influidas por un legado de más de 15 años de operaciones de socorros. La mayoría de las ONG afganas e internacionales siguen teniendo su base en Pakistán, y les resulta difícil apartarse de su modo de actuación transfronterizo.

Muchas ONG actúan en la provincia de Nangarhar, en el Afganistán oriental, desde mediados del decenio de 1980, debido a su proximidad con la frontera paquistaní. Las dádivas gratuitas fueron la regla y son esperadas ahora por las comunidades locales; la ayuda ha impedido, al menos por el momento, un enfoque que sitúe la responsabilidad del desarrollo en la población local. Los detractores afirmarían que las limitaciones internas y externas ya mencionadas hacen que las ONGA sean vehículos improbables para transformar este paradigma. Pocos elementos de su historial indican que pueden cumplir ese papel. Con sus características defini-

torias —dependencia de los donantes, personal dominado por las élites de Kabul, estructuras jerárquicas y centralizadas, vulnerabilidad a la penetración y la colonización—, parecen particularmente mal preparadas para superar las pautas de socorros dominantes. Aun suponiendo que esto forma parte de su visión, los medios no se adecuan a los fines.

Trabajar por su cuenta

Con el paso de los años, las ONG que trabajan en las fronteras han demostrado una extraordinaria incapacidad para coordinarse, o para evitar la duplicación. Esta "falta de coordinación y estrategia unificada entre las ONG" fue señalada en una conferencia de ONGA y donantes (Barkat *et al.*, op. cit.). Aunque desde entonces ha mejorado la coordinación, continúa siendo un problema por varias razones. En primer lugar, las ONGA compiten por una cuota de mercado decreciente de recursos de los donantes. Puede que respondan a la demanda, pero es una demanda creada por los donantes, no por los beneficiarios. Los proyectos se han convertido en poco más que alfileres en un mapa como prueba de que se cumplen los criterios de los donantes. La seguridad y los contactos, quizá comprensiblemente, han sido los factores principales a la hora de decidir dónde trabajar; en muchos casos, las necesidades de largo plazo parecen casi secundarias. En consecuencia, 150 ONG trabajan en Jalalabad y menos de un puñado en la provincia central de Hazarajat. La coordinación tiene lugar en Pakistán, sin contacto con los departamentos gubernamentales correspondientes en Afganistán. La falta de coordinación propicia la duplicación y socava la iniciativa local. Por ejemplo, en 1994, el Programa Mundial de Alimentos (PMA), mediante la distribución de alimentos en Hazarajat, socavó las iniciativas participativas de las ONG locales (Cutts, op. cit.).

¿Una operación de contención?

Debemos seguir considerando con cierto escepticismo la afirmación de que las ONGA pueden superar las presiones políticas y sus propias limitaciones internas, para iniciar un cambio desde la asistencia de socorros hacia un enfoque de desarrollo más global. Afganistán no es la pista de baile para un postura de enfrentamiento "pro ciudadanos". Lo más habitual ha sido que "bailar con el príncipe" haya supuesto la cooptación o —en el mejor de los casos— la creación de un pequeño margen de maniobra mediante el compromiso y la colaboración selectiva.

Las ONGA no son una panacea para los inextricables problemas del desarrollo en Afganistán. Tienen, sin embargo, un papel que desempeñar en un entorno en el que las estructuras del Estado y de la sociedad civil han sido erosionadas. La clave está en analizar los éxitos —las ONGA que han "bailado con el príncipe" y han mantenido su integridad— y desarrollar estrategias para reproducirlos.

Los donantes y su repercusión en el baile

La orientación futura de las ONGA estará determinada en gran medida por las políticas de los donantes y sus intermediarios, las ONG internacionales. ¿Cómo pueden éstas identificar, aprender de, y "amplificar" los éxitos?

En primer lugar, sus políticas y prácticas deberían basarse en un análisis informado de la naturaleza del conflicto y sus relaciones con el desarrollo. Esto significa reconocer que el conflicto es una cuestión estratégica, que no debe ser ignorada por los planificadores del desarrollo.

En segundo lugar, es necesaria una respuesta más flexible y a largo plazo. En Afganistán, las peticiones de financiación se rechazaron a menudo sobre la base de que eran "demasiado desarrollistas"; el pensamiento de los donantes y los acuerdos institucionales se basan en ideas lineales de la "*continuum* del socorro al desarrollo". La experiencia de Afganistán puso en evidencia la falta de marcos institucionales en los que proporcionar asistencia para actividades de transición que no sean ni "socorros" ni "desarrollo".

En tercer lugar, es fundamental un análisis político más informado. En Afganistán, los donantes deben tomar decisiones difíciles acerca de a qué príncipes o ciudadanos han de apoyar. ¿Qué repercusiones políticas tienen las políticas que fortalecen las estructuras provinciales en vez del gobierno central, o las ONGA en lugar de las organizaciones comunitarias? Es preciso reconocer explícitamente que las ONGA tienen efectivamente un papel político, por cuanto pueden influir y ser influidas por la dinámica del conflic-

to. Es ingenuo considerarlas meros mecanismos de prestación de servicios.

Hacia una nueva forma de compromiso

Hay tensiones cuando se intenta alcanzar múltiples objetivos al apoyar a las ONG. Por ejemplo, la financiación de ONGA para la entrega de socorros —para cumplir los objetivos de los donantes— se ha producido a menudo en detrimento de fines a más largo plazo de fortalecimiento de las capacidades. Es necesario encontrar fórmulas para ampliar las relación más allá de la de ser simplemente socios en la entrega de la ayuda. Duffield (op. cit.) afirma que el compromiso debería vincularse a una "nueva ética": mostrar solidaridad, en vez de mantener las distancias con respecto a la refriega y apoyar de boquilla la neutralidad.

Bonitas palabras, pero ¿qué significan en la práctica? Un punto de partida debe ser una relación más amplia y flexible entre los donantes y las ONGA: salir del "síndrome del proyecto" —en el que se supone que proyectos y desarrollo son sinónimos—, y contraer un compromiso a largo plazo y abierto con ONGA seleccionadas. Los proyectos en Afganistán son a menudo arriesgados e implican un trabajo lento y meticuloso que no puede fraguarse con "pedazos proyectizados". Esto significa alejarse de la "cultura de resultados concretos". Sin embargo, aunque el fortalecimiento de la capacidad es un término de moda, no siempre está claro cuál es su verdadero significado. En Afganistán, a menudo se traduce en construcción de la capacidad de las ONGA para llevar a cabo las agendas de sus donantes. El fortalecimiento de la capacidad no debe limitarse, sin embargo, a "capacitar" a las organizaciones, o a proporcionarles un soporte técnico. Implica un diálogo más amplio, basado en unos valores y una ética compartidos. Algunos donantes y ONG han comenzado ya a trabajar de esta manera, a formular principios de trabajo para la consolidación de la paz y la reconstrucción en Afganistán (Barakat *et al*, op. cit.).

En general, las ONGA han tenido que bailar al son de la música tanto del donante como del príncipe. Es necesario invertir estos papeles para hacer realidad la retórica de la sociedad civil. Un punto de partida podría ser la introducción de mecanismos que den poder a las organizaciones *dentro* de la sociedad civil, ya sean ONG o grupos comunitarios, para contribuir a fijar la agenda y así llevar la voz cantante.

Notas

1 Según el *Informe sobre desarrollo humano 1994* del PNUD, 42 países experimentaban en 1993 conflictos importantes, y otros 37 países experimentaban violencia política. Sólo tres de los 82 conflictos entre 1989 y 1992 fueron entre estados. Sólo en 1993-1994 hubo cuatro millones de muertos como consecuencia de guerras étnico-políticas, la mayoría de ellos civiles. Sin un "defensor del pueblo" internacional efectivo y con el próspero comercio internacional de armas, los conflictos continuarán.

2 Muchas ONG se aferraron al concepto de los *shuras* (consejos de ancianos), en la creencia de que eran organizaciones estables y basadas en la comunidad que podían ser los componentes esenciales del proceso de reconstrucción. Sin embargo, esto significa no entender el carácter y el papel de los *shuras*, que son órganos consultivos sin una estructura rígida, reunidos cuando la ocasión lo requiere para debatir cuestiones concretas o resolver conflictos (Marsden, 1991).

3 Ni la ONU ni el Comité Internacional de la Cruz Roja (CICR) pudieron trabajar al otro lado de la frontera; la ONU por su mandato de trabajar con gobiernos reconocidos, y el CICR porque no pudo obtener el consentimiento de todas las partes del conflicto.

4 La aparición de los talibanes (un movimiento de estudiantes religiosos) a partir de finales de 1994 ha reducido aún más el alcance de las organizaciones implicadas en los programas para la mujer. Los talibanes controlan ya gran parte del país e insisten en que las mujeres y las niñas permanezcan dentro de los límites de sus recintos.

5 Los *karez* son sistemas tradicionales de regadío subterráneo.

Obras citadas

ACORD (1993), *Annual Report 1993*.
Anderson, M. B. y Woodrow, P. J. (1989), *Rising from the Ashes: Development Strategies in times of Disaster,* Westview/UNESCO, Boulder/París
Baitenmann, H. (1990), "NGOs and the Afghan war:the politicisation of humanitarian aid", *Third World Quarterly,* vol. 12, n° 1
Barakat, S., Ehsan, M. y Strand, A. (1994), *NGOs and Peace-Building in Afghanistan: Workshop Report,* Universidad de York, Inglaterra
Carter, L. Y Eichfield, A. (1991), "Afghan Non-Governmental Organisations and Their Role in the Rehabilitation of Afghanistan", informe inédito para International Rescue Committee, Peshawar, Pakistán
Clark, J. (1991), *Democratising Development: the Role of Voluntary Organisations,* Earthscan, Londres
Cutts, M. (1993), "Report on SFC Visit to the North Western, Central and Eastern Regions of Afghanistan", informe inédito, The Save The Children Fund, Londres
Duffield, M. (1994), "Complex emergencies and the crisis of developmentalism", *IDS Bulletin: Linking Relief and Development,* vol. 25, n° 3
Dupree, L. (1989), *Afghanistan,* Princeton University Press, Nueva Jersey
Edwards, M. y Hulme, D. (1995), "NGOs and development; performance and accountability in the 'New World Order'", en Edwards y Hulme (eds.) (1995), *Non-Governmental Organisations: Performance and Accountability: Beyond the Magic Bullet,* Earthscan y The Save the Childrend Fund, Londres
Fowler, A. (1993), "NGOs as agents of democratisation: an African perspective", *Journal of International Development,* vol. 15, n° 3
Garilao, E. (1987), "Indigenous NGOs as strategic institutions: managing the relationship with government and resource agencies", *World Development,* vol. 15, Suplemento, pp. 113-120
Goodhand, J. (1992), "Report of the Rural Assistance Programme Cross Border Training Programme", informe inédito, International Rescue Committee, Peshawar, Pakistán
Huld, B. y Jansson, E. (1988), *The Tragedy of Afghanistan: The Social, Cultural and Political Impact of the Soviet Invasion,* Croom Helm, Londres
Johnston, B. y Clark, M. (1982), *Redesigning Rural Development: A Strategic Perspective,* Johns Hopkins University Press

Korten, D. C. (1990), *Getting to the 21st Century: Voluntary Action and the Global Agenda,* Routledge, Londres

Larmer, B. (1994), «The New Colonialism», *Newsweek,* 1 de agosto de 1994.

Macrae, J. y Zwi, A. (1992), "Food as an instrument of war in contemporary African Famines", *Journal of Disaster Studies,* vol. 16, n° 4

Marsden, P. (1991), *Afghanisation,* British Agencies Afghan Group, Londres

Nichols, N. y Borton, J. (1994), *The Changing Role of NGOs in the Provision of Relief and Rehabilitation Assistance: Case Study 1: Afghanistan/Pakistan,* ODI Working Paper n° 74, Overseas Development Institute, Londres

Roche, C. (1994), "Operationality in turbulence: the need for change", *Development in Practice,* vol. 4, n° 3 (Reproducido en este volumen bajo el título "Operacionalidad en la turbulencia: la necesidad de cambio")

Roy, O. (1989), "Afghanistan: back to tribalism or on to Lebanon", *Third World Quarterly,* vol. 11, n° 4

Rupesinghe, K. (1994), *Advancing Preventative Diplomacy in a Post-Cold War Era: Suggested Roles for Governments and NGOs,* ODI Relief and Rehabilitation Network, Network Paper n° 5, septiembre de 1994, Overseas Development Institute, Londres

Slim, H. (1994), "The continuing metamorphosis of the humanitarian professional: some new colors for an endangered chameleon", *Disasters.*

Los autores

Jonathan Goodhand trabajo para el International Rescue Commitee en Afganistán (1987-1990) y como coordinador de distribución para el Save the Children Fund en Sri Lanka (1992-1994), antes de ocupar su cargo actual de director del Programa de Asia Central de INTRAC. **Peter Chamberlain** trabajó para el Comité de Ayuda de Austria en Pakistán (1989-1993) y desde 1995 es coordinador del programa de emergencia de OXFAM con base en Goma, Zaire.

Este artículo fue publicado por vez primera en *Development in Practice,* vol. 6, número 3, en 1996.

El papel de las ONG salvadoreñas en la reconstrucción de postguerra

Francisco Álvarez-Solís y Pauline Martin

Introducción

El 16 de enero de 1992, el Gobierno salvadoreño y la Comandancia del Frente Farabundo Martí de Liberación Nacional (FMLN) firmaron un Acuerdo de Paz que "pondría fin definitivamente al conflicto armado" (1). Once años de guerra civil y más de un año de intensa negociación, con la mediación del Secretario General de Naciones Unidas, terminaron con una ceremonia formal en Ciudad de México. Los Acuerdos de Paz establecieron el marco político y militar para la reducción de las Fuerzas Armadas, la desmovilización de los combatientes del FMLN, y la legalización de los insurgentes como fuerza política dentro de El Salvador. El Acuerdo también incluye "una plataforma mínima de compromisos para facilitar el desarrollo (económico y social) en beneficio de todos los sectores de la población" (AP, 42).

La reconstrucción de El Salvador pudiera haber pasado a ocupar el lugar más destacado de la agenda centroamericana. Sin embargo, son los términos en los que se acometa esta tarea los que determinarán las posibilidades de una paz duradera. Ellos, a su vez, dependerán de la capacidad de los actores políticos nacionales e internacionales para abordar las raíces sociales y económicas de la crisis y el conflicto en El Salvador.

La guerra, la crisis económica y los desastres naturales de la década de los ochenta han ocasionado pérdidas gigantescas en vidas humanas y una amplia destrucción de la infraestructura y los recursos naturales de la nación. Se ha pagado un enorme precio en términos de desintegración social. Se estima que entre 1,17 y 1,65 millones de salvadoreños —entre un cuarto y un tercio de la población total— han sido forzados a abandonar sus hogares. Para los que se quedaron en el país, ha habido un creciente empobrecimiento. Estos factores, unidos al deterioro y la destrucción de los servicios básicos y los daños en la producción, son algunos de los principales problemas que tendrán que ser abordados en las estrategias de reconstrucción (2).

El Gobierno salvadoreño cifra las pérdidas totales de la década en 1.579 millones de dólares, y los costes de reparar y sustituir lo dañado en 1.627 millones (3). Esta última cifra equivale el 44% de la ayuda económica y militar que proporcionó el Gobierno de Estados Unidos entre 1979 y 1990, que alcanzó un total de 3.732 millones de dólares (4). El total también equivale a sólo un 6% menos que el capital fugado entre 1980 y 1988, que se estima se eleva a 1.732 millones de dólares. En términos operacionale, el monto requerido representa 2,6 veces el presupuesto nacional de 1991.

La reconstrucción material y el proceso de recomposición del tejido social y cultural de El Salvador requerirá la movilización de recursos humanos, institucionales y financieros, tanto nacionales como internacionales, a una escala masiva. Y ello en un momento en el que hay demandas de ayuda internacional en otras partes del mundo, a las que quizás se les da más importancia estratégica en términos de estabilidad política y potencial comercial.

Con este telón de fondo, este artículo se propone explorar los diversos componentes de la reconstrucción, lo que ésta requiere y cómo puede obtenerse. En este contexto, se contrastará los objetivos declarados del Plan de Reconstrucción Nacional (PRN) del Gobierno y la experiencia de desarrollo social acumulada por las ONG y las organizaciones sociales durante los años de guerra. Se señalará, en particular, la necesidad de que las estrategias de reconstrucción nacional y local incorporen la activa participación de las comunidades, de sus propias estructuras representativas, y de las ONG que han trabajado con ellas, si pretenden asegurar un paz duradera en El Salvador.

La experiencia y el potencial de las ONG

Durante el periodo que se extiende de 1952 a 1979, había sólo 22 ONG registradas en El Salvador. De 1980 a 1991, esta cifra aumentó más de tres veces, hasta llegar a 74 (6). La proliferación de ONG refleja el intento de responder a los problemas creados por la guerra, la crisis económica y social y los desastres naturales por parte de diversos sectores de la sociedad salvadoreña (7). La presencia de las ONG en el polarizado contexto de la guerra civil fue una forma de mediación entre las necesidades insatisfechas de la población y las políticas económicas y sociales de los sucesivos gobiernos. Sin embargo, se ha asumido con frecuencia que las ONG tienen simpatías políticas, o que de hecho se han alineado con una de las partes en conflicto.

González (1991) ha aportado varias explicaciones para el creciente número de ONG en los años ochenta. Entre ellas menciona las siguientes:

• El apoyo económico del Gobierno de Estados Unidos.
• Las políticas de reforma del Gobierno salvadoreño.
• El deterioro generalizado de las condiciones de vida.
• Los programas de "acción cívica" militar y contrainsurgente.
• Los costes sociales de la guerra y la respuesta humanitaria.
• La financiación internacional de las ONG.

Este autor clasifica las ONG en cinco grandes categorías, de acuerdo a su origen o a quienes las establecieron. Estas son:

• Las Iglesias (Católica y Protestante), alguna de las cuales han mediado entre el Gobierno y el FMLN.
• Los Gobiernos donantes y las ONG internacionales.
• Los partidos políticos.
• Las comunidades de desplazados (una variante de las organizaciones de base).
• Los grupos patrocinados por el Gobierno salvadoreño, pero denominados ONG.

En respuesta a la guerra y a la violencia política generalizada, la población más afectada desarrolló durante los años ochenta nuevas formas de organización social para su propia defensa y supervivencia. Muchas de ellas se definieron a sí mismas como organizaciones populares, formando parte de un movimiento popular con una plataforma común de cambio social y económico. A medida que las estructuras de partido tradicionales perdían credibilidad para gran parte de la sociedad civil, las organizaciones populares se convirtieron en el principal canal de participación para las grandes mayorías, que de lo contrario habrían sido marginadas. En El Salvador, en particular, las organizaciones populares se convirtieron en canales vitales para la asistencia humanitaria, especialmente para los desplazados y los refugiados que volvían al país.

Por ello, muchas de las ONG de la generación de los ochenta son, en esencia, la expresión institucional de grupos pobres urbanos y rurales que se organizaron para defenderse por sí mismos de la violencia y de la represión. Se han acumulado ricas experiencia en ámbitos como la asistencia humanitaria, la educación no formal, y el desarrollo económico y social de la comunidad, particularmente en las zonas y comunidades más gravemente afectadas por la guerra.

Las ONG salvadoreñas han desarrollado una experiencia administrativa y una capacidad operacional considerable a lo largo de este proceso. Para ello han contado con el apoyo de organizaciones internacionales, así como a través de la ayuda bilateral y multilateral. Este apoyo ha sido extremadamente importante para el desarrollo de las ONG salvadoreñas, independientemente de las convicciones políticas de donantes o receptores. La existencia de dichas organizaciones sociales y ONG es la manifestación concreta de la energía, la creatividad y la capacidad organizativa y de negociación desarrollada por los pobres, simplemente con objeto de sobrevivir.

La ineficiencia del Estado, el desvío de recursos hacia el gasto militar, y la aplicación de medidas de ajuste estructural conducentes a la privatización de los servicios públicos, llevó a un vasto aumento de las necesidades sociales. Al mismo tiempo, ello amplió las oportunidades de las ONG para asumir una función en el desarrollo social. La efectividad de esta acción puede medirse por la confianza que han obtenido de la población beneficiaria, y por la medida en la que sus programas y proyectos han sido capaces de satisfacer las necesidades de los grupos más pobres.

También ha habido tendencias negativas. El "boom" de ONG también conllevó competencia, duplicación de esfuerzos, falta de planificación, deficiente coordinación, y la ausencia de una evaluación autocrítica. La mayoría de sus estructuras, prioridades y programas se establecieron y se llevaron a la práctica en un contexto de emergencia. En la actualidad, las ONG se encuentran en proceso de reevaluar sus funciones. También están analizando su relación con los beneficiarios o sus bases, con otras ONG, con el Estado, con sus actuales donantes, y con financiadores potenciales que pueden estar buscando vías de canalización de recursos a gran escala.

Las ONG que cuentan con una fuerte experiencia de trabajo con comunidades pobres y con poblaciones desplazadas durante los años de guerra están bien situadas para tener una función importante en la reconstrucción nacional. Para que ello sea posible, sin embargo, tanto el Gobierno salvadoreño como los donantes internacionales deben reconocer la naturaleza y la calidad del trabajo que han desempeñado. A corto plazo, estas ONG tienen que definir estrategias comunes en relación a dos factores cruciales: primero, el Acuerdo de Paz y el Plan de Reconstrucción Nacional del Gobierno (PRN) para la recuperación económica y social, y segundo, la Agencia para el Desarrollo Internacional de Estados Unidos (USAID) y las organizaciones multilaterales, y en particular el Banco Mundial, el Banco Interamericano de Desarrollo (BID), y el Programa de Naciones Unidas para el Desarrollo (PNUD).

Los acuerdos de paz y el Plan de Reconstrucción Nacional

Uno de los Acuerdos estipulaba que el Gobierno salvadoreño presentaría un Plan de Reconstrucción Nacional (PRN) al FMLN y a diferentes sectores de la sociedad, incluyendo las ONG, para debatirlo "con la intención de que sus recomendaciones y sugerencias fueran tomadas en cuenta", y "que el plan fuera el reflejo del deseo común del país" (AP, 52).

El Acuerdo de Paz define tres objetivos principales dentro del PRN: en primer lugar, la integración y el desarrollo de las zonas afectadas por el conflicto; en segundo lugar, la atención de las necesidades inmediatas de los más afectados por el conflicto y las necesidades de los ex-combatientes de ambos bandos; y en tercer lugar, la reconstrucción de la infraestructura dañada.

El Gobierno, con el apoyo del PNUD, acordó facilitar la canalización de la ayuda internacional mediante el establecimiento de un Fondo de Reconstrucción Nacional (AP, 53). El PNUD también tiene un papel clave que jugar movilizando recursos internacionales, planificando proyectos, proporcionando asistencia técnica, y asegurando la compatibilidad entre los planes gubernamentales y no gubernamentales a nivel regional y local (AP, 53). En el caso particular de las ONG, el Gobierno debería "aprobar facilidades institucionales y legales para la ayuda privada externa destinada a las comunidades, las organizaciones sociales y las ONG, siempre y cuando éstas estuvieran desarrollando o desearan desarrollar proyectos de desarrollo integrados" (AP, 50).

El Plan de Reconstrucción Nacional (8) subraya la intención declarada del Gobierno de promover una participación de amplio espectro en la reconstrucción nacional y de forjar un consenso nacional en torno a ésta. Para generar tal participación, el PRN identifica papeles y funciones específicas para las ONG y las comunidades. Por ejemplo, tanto las instituciones del Estado como las ONG pueden ser contratadas por los alcaldes para desarrollar proyectos que han sido aprobados como prioridad a través de asambleas públicas locales o Cabildos Abiertos. Las entidades estatales, incluyendo la Secretaría de Reconstrucción Nacional (SRN), que responde directamente ante el Presidente, puede también contratar los servicios de las ONG o de las organizaciones comunitarias para llevar a cabo proyectos. A las ONG y las organizaciones comunitarias, sin embargo, se les permitirá desarrollar sus propios proyectos sólo después de ser aprobados por la SRN.

A la luz de las obligaciones que impone a las ONG y a las organizaciones comunitarias la participación en el PRN, se pueden extraer las siguientes conclusiones:

1 El Gobierno ve a las ONG como entidades privadas a contratar para la prestación de determinados servicios. Su participación se limita a la implementación de programas o proyectos específicos.

2 No hay un reconocimiento de las organizaciones que representan a las comunidades beneficiarias.

3 A los gobiernos locales se les conceden niveles significativos de responsabilidad en la coordinación, administración e implementación de los programas tanto a nivel regional como local.

4 No se ha contemplado la participación de las ONG y las organizaciones sociales en la Secretaría de Reconstrucción Nacional. De hecho, la SRN se ha establecido como estructura verticalista para imponer las políticas "de arriba hacia abajo".

Aparentemente, el Estado pretende ser el protagonista de la reconstrucción nacional. Y parece haber muy poco reconocimiento real de que las organizaciones populares y las ONG cuenten con doce años de experiencia trabajando precisamente en aquellas zonas del país y con esos sectores sociales que habían sido abandonados por el Estado, tanto antes como durante los años de guerra.

Una dificultad añadida se encuentra en la distribución del presupuesto. El tercer borrador del Plan, publicado en febrero de 1992, aporta dos presupuestos. El primero de ellos cifra los costes de la reconstrucción en 1.627 millones de dólares, de los cuales el 3% se asigna a salud, educación y vivienda, el 4% a agricultura, y el 93% a infraestructura. Sin embargo, el presupuesto por sectores y proyectos supone un total de sólo 1.304 millones, de los cuales el 30% se asignará al sector social y a capital humano, el 31% a infraestructura, el 19% a la producción, el 6% al medio ambiente, el 12% a programas sobre democracia,

y el 2% a asistencia técnica.

Las diferencias en los presupuestos totales y en las asignaciones reseñadas son grandes, y según parece los presupuestos finales aún tienen que ser aprobados.

La USAID y las organizaciones multilaterales

El escenario de la reconstrucción estaría incompleto sin un breve análisis de los papeles tanto de la USAID como de las organizaciones multilaterales antes mencionadas que se inscriben en dicho escenario.

USAID fue la principal fuente de financiación externa al Gobierno de El Salvador durante la década de los ochenta. De hecho, El Salvador se convirtió en el tercer receptor más importante de ayuda externa estadounidense, con Israel y Egipto como los únicos países que recibían cantidades superiores. USAID es en la actualidad un actor clave en el diseño del Plan de Reconstrucción Nacional, dentro del contexto de su estrategia global para Latinoamérica. En su "Estrategia de Asistencia Económica para Centroamérica, 1991-2000" USAID anunció un cambio de enfoque hacia la región:

«En la próxima década existe una oportunidad sin precedentes para alcanzar la estabilidad política, la prosperidad económica y la justicia social que durante tanto tiempo ha eludido a los pueblos de Centroamérica».

Estos objetivos se sitúan dentro del marco más amplio de la visión para América Latina de la Administración Bush, tal y como se presenta en dos recientes declaraciones políticas. La "Iniciativa de la Empresa para las Américas" (*Enterprise of the Americas Initiative* o EAI), planteada para el conjunto de América Latina, se centra en el libre comercio, la inversión y la reducción de la deuda externa. Vincula la democracia, el comercio y la inversión como los fundamentos de un crecimiento económico sostenible. Esta política fue sintetizada por el presidente Bush como "gobiernos libres y libre mercado". La segunda declaración política, la "Asociación para la Democracia y el Desarrollo de Centroamérica" (ADD), crea un foro para promover el desarrollo en la región centroamericana, y pretende promover un enfoque coordinado para la ayuda bilateral y multilateral, poniendo especial énfasis en el fortalecimiento de las instituciones democráticas.

Así pues, USAID está intentando promover explícitamente los intereses estratégicos de Estados Unidos en América Central. Se propone apoyar las tendencias positivas que percibe mediante la consolidación de sociedades democráticas, y la promoción de un crecimiento económico sostenible y la cooperación regional. Al mismo tiempo, al contar con menos recursos, pretende alentar a otros donantes para que ayuden a pagar la factura.

A lo largo de América Latina, USAID también prevé un papel más amplio para las ONG, en el marco de nuevos recortes del gasto público y de los servicios sociales, y de la transferencia de actividades productivas y servicios al sector privado. Se considera que las municipalidades, el sector privado y las ONG jugarán un papel más activo, especialmente en el suministro de servicios sociales. En general, USAID pretende involucrar al sector no gubernamental de las siguientes maneras:

• *Programas de democracia para mejorar la participación civil:* se canalizarán fondos a través de las ONG para financiar acciones de educación cívica, en las que se incluyen las escuelas, y el fortalecimiento de los sistemas judiciales.

• *Servicios de bienestar social:* las ONG gestionarán fondos para atención sanitaria, planificación familiar y nutrición para los pobres, y una mayor eficiencia en los sistemas por los que se proporciona estos servicios. Las propuestas incluyen el uso de acuerdos de canje de deuda por servicios de planificación familiar suministrados por las ONG.

• *Medio ambiente*: las ONG nacionales e internacionales serán comprometidas en acciones sobre asuntos ambientales.

• *Desarrollo sostenible*: USAID ayudará a las ONG y a los gobiernos a desarrollar políticas, legislación y programas en favor de la agricultura sostenible, especialmente en lo referido al uso del suelo.

Las contrapartes salvadoreñas de USAID, sin embargo, no se encuentran dentro del sector no gubernamental. En lugar de ello, USAID actúa principalmente a través de la Comisión Nacional para la Restauración de Áreas (CONARA), que ha estado implicada en programas de acción cívica en las zonas de conflicto integrados, a su vez, en estrategias de contrainsurgencia. Las organizaciones multilaterales —el Banco Mundial, el BID y el PNUD— junto con USAID están apoyando al Gobierno de Cristiani para diseñar sus políticas económicas y sociales. Entre estas se incluye el establecimiento de un Fondo de Inversión Social Salvadoreño (FISS). Este Fondo pretende administrar programas de compensación social, como mecanismo para atenuar los peores efectos de los programas de ajuste estructural sobre los pobres, y es similar a los que ya están operando en Costa Rica, Guatemala, Honduras y Nicaragua.

Varios donantes bilaterales, especialmente los gobiernos escandinavos y de la Comunidad Europea, están condicionando su ayuda a una mayor participación de las ONG. El Gobierno salvadoreño, sin embargo, se muestra cauteloso. Un observador describe los intentos de incorporar a las ONG en el FISS:

«El limitado esfuerzo para crear el marco para incorporar a las ONG en el FISS refleja la política gubernamental de trabajar sólo con las ONG con vínculos demostrados con los grupos empresariales, y la relativa falta de experiencia del BID con las ONG orientadas al bienestar social. El enfoque práctico del BID, cauteloso y poco imaginativo, no ha empujado al Gobierno a tratar con un sector de ONG que el propio Gobierno considera subversivo »(9).

Las intenciones globales de la USAID para Centroamérica son compatibles con los propósitos del Plan de Reconstrucción Nacional de El Salvador. Cada uno de ellos promueve un discurso de creación de consensos, participación social y democracia. Pero la retórica todavía tiene que trasladarse en una práctica de desarrollo que asegure que los objetivos declarados de "estabilidad política, prosperidad económica y justicia social" pueden ser alcanzados.

La respuesta de las ONG locales

Cinco grandes redes de ONG estuvieron activas durante la guerra en los campos del socorro humanitario y el desarrollo social con personas refugiadas y desplazadas y con comunidades de retornados a lo largo de todo el país. Al unir sus esfuerzos en una amplia coalición, la Concertación Nacional (10), se ven a sí mismas como:

«trabajando en favor de —y contribuyendo a la formulación de— un único plan nacional para la reconstrucción. Este "Plan de Reconstrucción de la Sociedad Civil" constituiría el aporte de planificación, así como las actividades de implementación de una amplia gama de entidades gubernamentales y no gubernamentales » (11).

Estas ONG afirman que es necesario un Plan de Reconstrucción Nacional cuyo éxito dependerá de una participación y un consenso generalizado tanto en su diseño como en su aplicación. Tal Plan requeriría una nueva visión del desarrollo económico y social y una modificación del enfoque de "emergencia y compensación" que ha ahondado la pobreza de los más pobres.

«El Plan debería legitimar e institucionalizar la participación de la sociedad civil en su expresiones diversas, en especial la participación de los nuevos actores socioeconómicos que han surgido durante la guerra, así como la de los movimientos populares y sus representantes institucionales (...) El Plan debería convertirse en un espacio para forjar el consenso para avanzar hacia la construcción del nuevo modelo de sociedad democrática, justa y próspera a la que aspiramos para El Salvador» (12).

Estas ONG han sido invitadas por el Gobierno para formar parte de las discusiones sobre el Plan Nacional de Reconstrucción. Sin embargo, ellas han formulado importantes críticas al PRN, observando que se basa en concepciones desfasadas del desarrollo que ya fracasaron en América Latina en el pasado, ya que pretenden estimular el crecimiento económico prestando poca atención al desarrollo social o a la protección del medio ambiente. Les preocupa que el Plan no sea el resultado de un proceso de formación de consenso de amplio espectro, y que el Gobierno salvadoreño planee controlar su aplicación de una forma en la que no se permite la participación directa de las organizaciones sociales representativas en la toma de decisiones.

El Plan también ha sido objeto de críticas porque crea beneficiarios, y no participantes directos en el proceso de reconstrucción, ignorando las estructuras organizadas a nivel local y sus años de experiencia de desarrollo auto-gestionaria.

La cobertura del Plan se considera inadecuada. Se dirige a una población meta de 826.117 personas en 99 municipalidades; pero El Salvador tiene una población de más de 5 millones en 262 municipalidades (13). Más aún, se concentra exclusivamente en la población rural directamente afectada por el conflicto, e ignora a ese gran grupo de población urbana en expansión que vive en la extrema pobreza.

Por último, los críticos afirman que el Gobierno no tiene base social para implementa los programas propuestos, ni los recursos para ello. La falta de consenso en la formulación del Plan parece ser un elemento disuasorio para que la comunidad internacional lo financie.

Perspectivas para la reconstrucción de postguerra

Las elecciones presidenciales están programadas para 1994, y se espera que el FMLN participe en ellas como organización política. Las demandas de todos los niveles de la sociedad para que haya respuestas rápidas presionarán al Gobierno; y se esperará que los planes de reconstrucción proporcionen la base para esas respuestas. Uno de los problemas clave del Gobierno de Cristiani es cómo unir a la población en la causa de la reconstrucción nacional. El PRN declara que su éxito dependerá de su viabilidad política y de "un consenso mínimo entre las fuerzas sociales y políticas del país; la activa participación de la población que se beneficiará de los proyectos (...)" (PRN, 16).

A nuestro juicio, una de las cuestiones principales que será causa de tensiones entre el Gobierno y los sectores populares es el marco económico en el que el Gobierno ha definido el PRN. El Plan declara que "debe ser coherente con los propósitos globales del programa macroeconómico y complementar el programa de inversión del Gobierno" (PRN, 15). En otras palabras, el Plan debe ser coherente con las políticas de ajuste estructural. Hasta la fecha, los efectos de tales políticas en El Salvador han sido similares a los resultados de su aplicación a lo largo de América Latina y el Caribe.

Además, al declarar que el Plan de Reconstrucción es un instrumento tanto político como económico el Gobierno deja claro que su deseo es restaurar la legitimidad del Estado ganándose la confianza de la población: «[El Gobierno posee] *la legitimidad para llevar a efecto las proyecciones políticas en las que basó su campaña electoral (...) El PRN es un proyecto político* » (PRN, 13). De la misma manera, se prevé que los cabildos abiertos (asambleas locales) sean un mecanismo para lograr dos objetivos: "fortalecer la legitimidad del Estado y democratizar la toma de decisiones en los programas y proyectos para las comunidades" (PRN, 12).

La orientación económica del Plan, su limitada estructura administrativa e institucional, y la intención del Gobierno de utilizarlo como un instrumento político, son elementos que en conjunto sugieren que muchas organizaciones sociales y populares, ONG, partidos políticos e Iglesias optarán por redefinir su participación. Otros grupos, como las ONG que trabajan con los programas gubernamentales o con los miembros de las fuerzas armadas desmovilizados, pueden aportar una base social de apoyo limitada. En definitiva, un Plan de Reconstrucción Nacional no puede forjar el consenso social y el apoyo activo que se consideran esenciales para su éxito si se convierte en un mero proyecto político del Gobierno o de un partido político.

Lecciones de Nicaragua

La comunidad de ONG salvadoreñas ya ha hecho importantes avances en la coordinación de sus estrategias para resaltar las deficiencias de los actuales planes gubernamentales, y para plantear alternativas basadas en la considerable experiencia propia de las ONG en el suministro de asistencia humanitaria, y en la promoción del desarrollo económico y social en el contexto de la guerra civil.

La experiencia de trabajo de las ONG en Nicaragua bajo el Gobierno Sandinista (1979-1990) es saludable y pertinente. Esta experiencia señala algunos riesgos que sus colegas salvadoreños pueden tener que considerar, y que pueden tener mayor relevancia para los programas de reconstrucción en cualquier otro lugar del mundo. Desde la perspectiva de las ONG nacionales, hay tres áreas principales de dificultad potencial:

• La competencia de las ONG por los fondos, la influencia y el poder, especialmente en el caso de aquellas ONG que trabajan en la misma zona geográfica o sector de actividad.

• La competencia entre las ONG y las organizaciones populares, cuando todas ellas buscan ser las contrapartes de las organizaciones donantes.

• La tendencia a "empaquetar y vender" proyectos que las ONG consideran que pueden ser atractivos para los donantes, lo que da lugar a multitud de proyectos que responden más a la oferta del Norte que a una demanda del Sur que se basa en una estrategia clara en favor de alternativas sostenibles de desarrollo.

Para las ONG internacionales donantes también surgen otros problemas. Pueden existir tensiones entre ONG que compiten por los mismos proyectos u organizaciones contrapartes; y competencia entre ONG del mismo país al acceder a los presupuestos de ayuda de u propio país, o por recaudar fondos del público. A ello se le pueden sumar diferencias de opinión que surgen entre las organizaciones confesionales y seculares, y entre organizaciones ligadas a las Iglesias. Y cruzándose con todas estas tensiones, puede haber enfoques teóricos y metodológicos en conflicto respecto a la ayuda humanitaria y el desarrollo social.

Hay también dificultades que afectan a las relaciones entre las ONG nacionales y las organizaciones internacionales donantes. Estas tienden a aparecer cuando no hay suficiente claridad respecto al papel de cada cual. Puede ser muy difícil definir estos papeles en el periodo de transición de un contexto a otro; en el caso de Nicaragua, e un gobierno revolucionario a un gobierno conservador comprometido con políticas neoliberales. En el nuevo escenario, las viejas metodologías pueden dejar de ser las más adecuadas.

Finalmente, para todas las ONG autónomas siempre está presente el riesgo de cooptación por parte del Estado o de partidos políticos.

Temores y esperanzas: algunas conclusiones

En el momento de escribir estas líneas, el pueblo de El salvador está viviendo una compleja transición desde los doce años de guerra hacia la promesa y la expectativa de paz. El Acuerdo de Paz proporciona el marco político básico para finalizar el conflicto y reconstruir el país. Pero la reconciliación nacional en El Salvador no se dará por decreto, y ciertamente no la crean las meras firmas de los documentos en México.

A nuestro juicio, no cabe abrigar muchas esperanzas de que el Plan de Reconstrucción Nacional del Gobierno salvadoreño tenga la voluntad o la capacidad de ir más allá de los intereses partidistas, y crear un amplio consenso sobre la reconstrucción del país. La subordinación del Plan a las políticas económicas existentes, y la exclusión de sectores sociales clave de una participación real en la planificación y la toma de decisiones, sugieren un aumento de la polarización social. Además, las comunidades de las zonas de conflicto, a las que el Plan les da prioridad, han demostrado anteriormente su capacidad de bloquear programas que intentan asimilarlas.

Las ONG, las organizaciones populares y sociales, y otros sectores están diseñando sus propias propuestas para la reconstrucción nacional, y las ofrecerán a la comunidad internacional como un plan alternativo. Este enfoque parte de la experiencia de la Conferencia Internacional para los Refugiados Centroamericanos (CIREFCA), que constituyó un proceso de tres años que ha involucrado a donantes, gobiernos centroamericanos, y ONG nacionales e internacionales. El proceso mismo proporciona una valiosa experiencia y un ejemplo de consultas y planificación conjunta entre Gobiernos y ONG, como resultado del cual se han alcanzado posiciones y estrategias comunes (15).

En el centro del debate se encuentra la urgente necesidad de pensar de una forma más creativa sobre cómo diseñar estrategias para un desarrollo más equitativo y un crecimiento sostenible que se enfrente a las raíces de la crisis y el conflicto de El Salvador. El Acuerdo de Paz ofrece muchas posibilidades para comenzar a edificar una sociedad estable y democrática; pero también contiene el riesgo de que no llegue a romperse el ciclo de la pobreza, la violencia y la represión.

Notas

1 Gobierno de El Salvador y Frente Farabundo Martí de Liberación Nacional (enero de 1992). (Referencias posteriores a este documento se referirán al Acuerdo de Paz (AP), con el número de página del mismo).

2 La Comisión Económica para América Latina y el Caribe de Naciones Unidas (CEPAL) informó en diciembre de 1990 que la década de guerra y crisis económica tuvo las siguientes consecuencias: 70.000 muertos (combatientes y civiles); 500.000 desplazados dentro del país (el 10% de la población total); 447 escuelas cerradas, debido a su destrucción total o parcial, o a deficientes condiciones de seguridad; una caída del 20% del PNB per cápita; un 68% de la población, según estimaciones, viviendo por debajo de la línea de la pobreza (CEPAL, diciembre de 1990).

3 Estas cifras no incluyen los daños materiales causados a la población rural, especialmente a las personas refugiadas y desplazadas.

4 Roberto Codas F. y Francisco Álvarez S., septiembre de 1990, p. 35.

5 Roberto Codas F., julio de 1990, p. 30.

6 Víctor González, agosto de 1991.

7 Un terremoto en 1986, y sequías e inundaciones cada año desde 1987.

8 Ministerio de Planificación y Coordinación del Desarrollo Económico y Social. Resumen ejecutivo, febrero de 1992. Este es el tercer borrador del Plan. Cada versión llevaba diferente información presupuestaria.

9 Peter Sollis, 1991.

10 Las cinco son ASDI (Asociación Salvadoreña de Desarrollo Integral), CORDES (Fundación para la Cooperación con Pobladores y Desplaza), FASTRAS (Fundación para la Autogestión y Solidaridad de los Trabajadores Salvadoreños), FUNSALPRO-

DESE (Fundación Salvadoreña para la Promoción del Desarrollo Social y Económico) , y REDES (Fundación Salvadoreña para la Reconstrucción y el Desarrollo).

11 Informe sobre la visita de Concertación Nacional a Washington DC, enero de 1992, preparado por el Comité del Servicio Universalista Unitario.

12 Asociación de ONG salvadoreñas, "Comments on Reconstruction: How its Work with Repatriates and the Displaced Shapes the Views of Concertación Nacional", Washington, enero de 1992.

13 Estas cifras se han tomado del segundo borrador del Plan de Reconstrucción Nacional, publicado en septiembre de 1991. El tercer borrador de febrero de 1992 menciona 800.000 personas en 106 municipalidades, principalmente en el norte del país. Según el FMLN hay un total de 200 municipalidades en El Salvador.

14 Estas son las reflexiones de un consultor ha trabajado en Nicaragua durante una década para una reunión interna de coordinación de ONG. El documento es de circulación restringida, y los autores de este artículo no tienen autorización para citarlo. Sin embargo, se hará referencia a varios puntos del mismo, dada su relevancia para El Salvador.

15 La próxima conferencia de CIREFCA tendrá lugar en San Salvador en abril de 1992. Después de varios meses de trabajo para mejorar la participación de las ONG en la planificación nacional de los proyectos para refugiados y desplazados, el Gobierno y las ONG deberán presentar una posición conjunta ante dicha conferencia. La actitud de los donantes externos ha sido muy importante para reforzar la importancia del aporte de las ONG. En algunos casos han condicionado su ayuda a dicha participación.

Referencias bibliográficas

Agency for International Development (enero de 1991),"Economic Assistance Strategy for Central America: 1991-2000", Washington DC.

CEPAL (Diciembre de 1990), "El Salvador: El Estado de la Pobreza y Lineamientos de Política para Afrontarla'.

Codas F., Roberto (septiembre de 1990), "El perfil externo del sistema socioeconómico salvadoreño", San Salvador: PREIS.

Codas F., Roberto, y Francisco Alvarez S. (1990), "La asistencia de Estados Unidos a El Salvador en los ochenta; una revisión preliminar", San Salvador: PREIS.

Concertación Nacional de El Salvador (julio de 1992), "Salvadoran NGO Association Comrnents in National Reconstruction", Washington DC: Unitarian Universalist Service Committe.

Cordes, Diaconia et al., "CIREFCA: el proceso de concertación entre las ONG's [sic] y el Gobierno de El Salvador".

Frente Farabundo Martí para La Liberación Nacional (febrero de 1992), "Propuesta a la Nación; Plan de reconstrucción para el desarrollo de la nueva sociedad salvadoreña; versión preliminar", San Salvador.

Gobierno de El Salvador (septiembre de 1991), "Plan de Recuperación Económica y Social Nacional (PRESN), versión preliminar", Vol. 1, San Salvador.

Gobierno de El Salvador (febrero de 1992), "Plan de Reconstrucción Nacional de El Salvador", Resumen Ejecutivo, San Salvador.

Gobierno de El Salvador y Frente Farabundo Martí para La Liberación Nacional (enero de 1992), "Acuerdo de paz", México.

González, Víctor (agosto de 1991), "Las Organizaciones no Gubernamentales (ONGs): Una nueva expresión de la sociedad civil salvadoreña", San Salvador

Sollis, Peter (1991), "Poverty Alleviation in El Salvador: An Appraisal of the Cristiani Government's Social Programme" (inédito).

Los autores

Francisco Álvarez Solís es un sociólogo salvadoreño que en el momento de escribir este artículo se encontraba cursando estudios en México. Ha trabajado en proyectos de investigación en el ámbito del desarrollo en la Universidad Centroamericana (UCA) y en EDC-Alterativas para el Desarrollo en El Salvador. Hasta 1990 se encontraba en PREIS, una ONG salvadoreña que lleva a cabo y publica investigaciones socioeconómicas. Ha redactado una tesis sobre la experiencia de la repatriación de los refugiados a El Salvador y el retorno de los desplazados internos a sus hogares.

Pauline Martin es la Directora Regional de Oxfam (Gran Bretaña) responsable de México, América Central y el Caribe. Ha trabajado en América Latina durante 15 años. En el Reino Unido, ha publicado trabajos de investigación sobre educación en Chile. Después de un año de trabajo con una ONG salvadoreña, ha publicado varios artículos sobre El Salvador y sobre coope-

ración internacional en Centroamérica.

Este artículo apareció por primera vez en *Development in Practice* Vol. 2, número 2 (1992). Desde que fue escrito, el proceso de paz de El Salvador ha evolucionado en múltiples direcciones, algunas de las cuales apuntan a las deficiencias de los términos de los Acuerdos de Paz. Para obtener información adicional al respecto, puede consultarse a la Oficina de Washington para América Latina (Washington Office on Latin America, WOLA), que publica informes muy documentados sobre la región.

Niños de la guerra en Filipinas

Hàns Buwalda

Introducción

Los problemas de la infancia en tiempo de guerra no se suelen tratar en la mayor parte de la bibliografía sobre el desarrollo. Sin embargo ciertas organizaciones, especialmente en países azotados por conflictos armados de carácter político, son cada vez más conscientes de que la infancia se convierte a menudo en la víctima de estos procesos, y de que esta situación tiene importantes consecuencias no sólo para los niños considerados individualmente, sino también para el desarrollo social en general. En un buen número de países hay grupos que intentan establecer programas para ayudar a la infancia a superar el trauma producido por la guerra. Pero sus miembros carecen de la experiencia necesaria.

Este artículo (1) se ocupa de los niños de la guerra en Filipinas. Se basa en mis experiencias como terapeuta de formación occidental que trabaja con los que se ocupan del desarrollo, y específicamente con niños que sufren, o que potencialmente pueden padecer un trauma relacionado con la guerra. Explica la combinación de un enfoque terapéutico occidental con un programa terapéutico autóctono destinado a jóvenes víctimas de la guerra, como el que se realiza en el Children's Rehabilitation Center de la ciudad de Davao (2). Ello podría aportar un modo de abordar problemas sociales más amplios que afectan a los niños que crecen en medio de la violencia.

El trauma bélico en la infancia

Todos estructuramos nuestro propio entorno: todo ser humano intenta descubrir una lógica elemental, o establecer una explicación que relacione las cosas que percibe, conoce y siente, integrándolas en una unidad más o menos comprensible. La guerra perturba este proceso, especialmente en el caso de los niños que son atrapados por ella.

Los niños de la guerra presentan a menudo los síntomas de traumas psicológicos graves: trastornos del sueño y dificultades de concentración, pesadillas, retraimiento, agresividad, miedo a los ruidos y a los movimientos inesperados, comportamiento dependiente, depresión, incapacidad para establecer relaciones íntimas o enuresis nocturna, etc. Estos síntomas influyen en su relación con el mundo que los rodea.

Es muy difícil para los niños filipinos comprender la situación de conflicto armado que vive su país. Con frecuencia intentan encontrar explicaciones para las matanzas, las "desapariciones" o las evacuaciones forzosas, elaborando fantasías respecto a ellas. Y con frecuencia estas explicaciones imaginarias son irracionales e incluso más terroríficas y confusas que los propios hechos reales. La explicación que una niña ofrece del asesinato de su padre puede ser muy similar a ésta: la víspera del asesinato su padre la castigó por robar un mango. Ella se enfadó mucho y deseó no tener padre. La niña concluye que su padre ha sido asesinado porque ella deseó su muerte; y se siente muy culpable porque cree que es ella quien ha *causado* la muerte del padre.

Como norma general, la familia que pierde a uno de sus miembros no desea exponer a los niños al dolor que entraña saber lo que ocurrió realmente, tratándose de un ser querido. Por ejemplo, una madre puede decirles a sus hijos que su padre está muerto y al mismo tiempo prometerles que volverán a verlo. Los niños se sienten confundidos. Cuando comprenden que la muerte significa que la persona fallecida no volverá, no saben qué pensar. ¿Qué es lo cierto? ¿Su propio conocimiento de la muerte? ¿O la promesa de su madre, la persona en quienes más confían en el mundo? Además de la confusión que experimentan, los niños no tienen la posibilidad de manifestar su dolor, ni tampoco se les proporciona un modelo que les ayude a expresar el sentimiento de pérdida.

Los niños de la guerra se enfrentan a numerosos problemas emocionales. Una de sus mayores dificultades se refiere a la confianza. Algunos de ellos incluso reciben "nombres falsos" y están totalmente confundidos a la hora de saber a quién pueden no confiar o no sus verdaderos nombres. Esto ocurre sobre todo cuando los padres no están cerca para indicarles qué nombre deben usar.

Otro de los problemas es el de la "desaparición" de los padres: los niños temen que lo que les ha ocurrido a sus padres pueda ocurrirles también a ellos en el futuro. ¿Regresarán sus padres alguna vez? ¿Seguirán con vida? ¿Estarán sufriendo o siendo torturados? ¿Por qué abandonan a sus hijos, dejándolos solos?

Algunos niños han presenciado masacres en las que mataron a otros niños. ¿Cómo puede un niño entender tal cosa? Si otros niños pueden ser asesinados, ¿cómo van a estar ellos a salvo? Otros se han visto atrapados en el fuego cruzado o en bombardeos, y en algunos casos han sido gravemente heridos. Se sobresaltan al menor ruido o movimiento inesperado. Muchos han visto con sus propios ojos el apaleamiento o la muerte de sus padres. Si sus padres no son capaces de protegerse y defenderse a sí mismos ¿quién van a protegerles a ellos? Estos niños viven sumidos en un gran incertidumbre y temor.

¿Qué ocurre con los niños obligados a abandonar sus hogares? Alejados de todo aquello que les resulta familiar, son trasladados a un centro de evacuación sin los medios suficientes, donde pueden incluso pasar hambre y donde tienen que relacionarse con personas desconocidas y extrañas, víctimas como ellos de evacuaciones forzosas. La escasez de alimentos y las precarias condiciones higiénicas y sanitarias convierten las epidemias en moneda corriente. ¿Qué impacto produce en un niño la visión de la muerte de otros niños, en ocasiones por centenares?

El encarcelamiento de uno de los progenitores es también fuente de problemas emocionales. Algunos niños se niegan a ir a la escuela porque las verjas y las paredes les recuerdan a la cárcel. ¿Cómo puede entender un niño el hecho de que sus padres se encuentren en prisión sin haber cometido delito alguno? Otros niños sólo han conocido a sus padres por separado —el uno en la cárcel y el otro en casa— y no entienden la relación que existe entre ellos cuando el progenitor encarcelado es puesto en libertad. Cuando el padre vuelve a casa, tras una estancia en prisión, el niño acostumbrado a dormir con su madre se encuentra de repente durmiendo solo, separado de su madre y sustituido por un padre que le es extraño.

Además de estos traumas psicológicos —y es muy frecuente que los niños sufran varios de los problemas antes descritos—, muchos niños quedan físicamente discapacitados para el resto de sus vidas.

La situación en la que se encuentran los niños de la guerra se ha descrito como sigue:

Un niño sano, no sólo desde el punto de vista médico, sino también desde una perspectiva psicológica y social, es un niño transparente. Vemos perfectamente lo que ocurre en el interior del niño, y el niño no necesita ocultar sus verdaderos sentimientos o pensamientos. Sabe que su familia le protegerá, y goza de una red de relaciones y sistemas de seguridad que le protegerán en caso de que su familia no pueda atenderlo. Los niños de la guerra viven atrapados en una maraña de caos.

El niño que no presenta síntomas probablemente está peor que el que sí los presenta. El niño que presenta síntomas intenta al menos abrirse camino en medio de un entorno caótico. Algunos de los síntomas pueden ser: aumento de la agresividad, reacciones regresivas y trastornos psicosomáticos. Los niños que manifiestan determinados síntomas son capaces de conseguir que otros vean sus propios temores, sus protestas y su tristeza. Mientras haya síntomas hay esperanza. El caso del niño sin síntomas es mucho más grave. El caparazón resulta opaco; el niño ha perdido la capacidad de mostrar sus emociones al exterior. La negación parece estar en la raíz de esta reacción: la negación de los sentimientos de miedo, de rabia o de tristeza.(3)

Este tipo de problemas son muy frecuentes en Filipinas. En diciembre de 1988 había 3.800.000 niños involuntariamente desplazados de sus hogares; 144.000 hijos de prisioneros políticos; 4.681 niños testigos de matanzas; y 138.600 niños huérfanos tras la "desaparición" o el asesinato de sus padres. (4)

El gobierno de Filipinas no hace casi nada para ayudar a estos niños. En ocasiones los funcionarios locales intentan distribuir comida y medicamentos en los centros de evacuación, aunque nunca reciben los recursos suficientes para satisfacer las necesidades, incluso cuando intentan sinceramente llevar a cabo su trabajo. Sin embargo en estos lugares no se ofrece asistencia psicológica. El gobierno nacional no quiere admitir que los niños son víctimas de violaciones de los derechos humanos por parte del ejército. A menudo los propios trabajadores de derechos humanos son acosados o son objeto de violaciones similares.

Terapia en el Centro de Rehabilitación Infantil

Gran parte del trabajo de terapia que se lleva a cabo en el Childen's Rehabilitation Center (CRC) de la ciudad de Davao se realiza en casa, con los niños y sus padres (o las personas responsables del bienestar de los niños). El trabajo se realiza en casa porque es allí donde están los niños, y donde tienen que funcionar (5). También porque los padres están más en contacto con los niños, son más conscientes de sus problemas y deben aprender el modo de ayudar a los niños a resolverlos.

Buena parte de la terapia se realiza hablando con los padres: no se puede ayudar a los niños a cambiar si los padres no cambian también. El personal del CRC se entrevista con los padres o cuidadores para hacerse una idea acerca de los problemas del niño y de cómo éste y los padres se están enfrentando a ellos. A continuación, el personal del CRC hace las sugerencias necesarias para animar a los padres a modificar cualquier pauta de comportamiento que de forma visible afecte negativamente al bienestar de los niños.

Volviendo a nuestro ejemplo anterior, aquél en el que la madre les dice a los niños que el padre ha muerto, pero que volverán a verlo: el personal del CRC explicará en este caso a la madre que el único modo de ayudar a los niños es explicarles claramente que el padre ha muerto y que nunca volverá. La madre debe mostrar su dolor por la pérdida del marido en presencia de los niños, para enseñarles a manifestar su tristeza: los niños necesitan este modelo para poder expresar sus propios sentimientos. Sólo cuando el niño logra aclarar su confusión y puede manifestar su triste-

za pueden desaparecer tanto los síntomas producidos por el trauma original como los que ha producido la confusión misma. Conforme la madre actúa de esta manera, hay una oportunidad de resolver los problemas de conducta de los niños que sean síntomas del trauma psicológico.

Pero hablar con los padres no basta: el personal del CRC también trabaja con los niños para aclarar la situación. Volviendo al mismo ejemplo: la madre le ha contado al personal del CRC que su hijo mayor ha estado robando dinero a otros miembros de la comunidad y que esto ha despertado la ira de los vecinos. Si el personal del CRC se hubiera limitado a hablar con la madre, y no con el hijo, la solución propuesta podría haberse vuelto en contra de que el chico dejara de robar. Sin embargo, trabajando con diversos medios, como la pintura, el teatro y la escritura, el personal del CRC descubre que el niño comenzó a robar para darle dinero a su madre, para que ella no tuviera que salir a trabajar, dejándolos solos a él y a sus hermanos, ya que el niño temía que la madre tampoco volviera. Así, el robo es un síntoma conductual del trauma psicológico producido por la muerte del padre, y de la confusión que esta muerte causa en el niño.

Sólo cuando se trabaja con todas las partes implicadas —en este caso los padres *y* los niños— es posible encontrar soluciones. Aclarar la confusión del niño y dejar que manifieste el dolor por la pérdida del padre, apoyándole en su dolor, son aspectos esenciales para que el muchacho logre superar esta muerte de una manera efectiva.

La Terapia de Proceso Creativo

La Terapia de Proceso Creativo (TPC) surgió por primera vez en Holanda. Es un tipo de psicoterapia que emplea medios no verbales de expresión individual. Son cinco los medios que se utilizan en la TPC: las artes plásticas, la música, la jardinería, el teatro y la danza o la expresión corporal.

La TPC se elabora atendiendo a la relación que los individuos establecen con su entorno inmediato. Para quienes trabajan con las artes plásticas, como es mi caso, lo esencial es de qué manera se relaciona la persona, en el entorno de la terapia, con los materiales y las herramientas disponibles, con el mobiliario de la sala y su disposición, así como con el terapeuta. Lo importante en la terapia creativa no es la calidad artística del producto, sino su elaboración; o, en otras palabras, el proceso.

Hay varias maneras en las que una persona pueda sentirse atraída por los materiales empleados en la terapia. A partir del modo en que el paciente se acerca a los materiales y los manipula, el terapeuta puede realizar el "análisis de la atracción". Puesto que el atractivo de un medio tiene mucho que ver con las necesidades del paciente, el terapeuta puede delinear una "jerarquía de necesidades" a partir de este análisis. Cuando las necesidades se expresan raramente o no se expresan, lo más probable es que el paciente esté desarrollando un mecanismo de defensa.

Antes de que pueda comenzar a experimentar con aquellas áreas que considera "peligrosas", el paciente necesita sentirse plenamente seguro en la terapia. Una vez que el terapeuta ha analizado el modo en que el paciente estructura el entorno, y cómo crea una unidad en su relación con éste, el terapeuta puede ayudarle a construir esa sensación de seguridad. El juego y las situaciones "fingidas" a menudo proporcionan un sentimiento de seguridad. Sólo cuando estas condiciones se han establecido definitivamente puede surgir un proceso creativo en el curso del cual el paciente exprese sus necesidades y sentimientos, desarrolle poco a poco una comprensión nueva de las cosas y descubra nuevas posibilidades de enfrentarse a sí mismo y al mundo exterior. (6)

Planificación para el desarrollo de una Terapia de Proceso Creativo en el CRC

Durante los preparativos para la creación de un taller en régimen de internado, el personal del CRC me pidió que acudiera este taller y también que dirigiera las sesiones de TPC con los niños "residentes". Los niños se instalaron en el centro una semana antes del comienzo del taller, con el fin de que pudieran adaptarse al entorno inmediato del CRC. Procedían de un centro de Cotabato del norte, a dos horas en autobús desde la ciudad de Davao, y se disponían a pasar aquí las seis semanas que duraría el taller. Los "residentes" asistirían a las sesiones de TPC por la mañana y por las tardes participarían en los talleres habituales del centro.

Mi primera reacción ante esta invitación fue de auténtico pánico. ¿Cómo iba a arreglármelas, sin materiales, sin conocer la lengua del país y en un medio cultural tan distinto? Además, los niños del grupo pertenecerían a diferentes culturas y hablarían distintas lenguas, pues procedían de distintas zonas y grupos étnicos. ¿Servirían de algo las sesiones? ¿Podría emprender suficientes actividades, dada la escasez de recursos disponibles? Sólo contaba con lo que pudiera encontrar alrededor de la casa. Por otro lado, los niños no estaban acostumbrados a expresarse mediante ningún tipo de forma plástica. Las sesiones se realizarían durante seis días a la semana, de 9.00 a 12.00 horas, un horario excesivamente intensivo que exigía una gran concentración tanto por parte de los niños como por mi parte. (Las sesiones en Holanda duran entre una y cuatro horas a la semana). Tendría poco tiempo para hacer la programación, pues por la tarde debería participar en las sesiones del CRC. Esto significaba que no podría planificar las sesiones con el debido cuidado y que tendría que confiar en mi intuición y mi experiencia para que aquéllas tuvieran algún valor terapéutico.

A pesar de todas las preguntas e incertidumbres, el hecho de que los niños hubiesen logrado superar las barreras lingüísticas y culturales para establecer contacto conmigo, y de que yo realmente quisiera ayudarlos a superar su trauma, me decidió a aceptar el reto y a considerarlo como un experimento, una experiencia de aprendizaje. Decidí que, en lugar de proponerme objetivos terapéuticos ambiciosos, las sesiones tendrían como finalidad que los niños pasasen un rato agradable trabajando en equipo en las artes plásticas. Me parecía importante que aquellos niños, que habían vivido experiencias traumáticas, tuviesen una experiencia positiva haciendo algo que pudiesen disfrutar, en un entorno de afecto y de apoyo. Este tipo de experiencias positivas pueden favorecer el desarrollo de la autoestima, algo de lo que, comprensiblemente, estos niños carecían por completo.

Los niños

Había ocho niños en el grupo. Los cinco niños "residentes" venían de una casa de acogida para las víctimas de la guerra en Kidapwan, llamada "Fundación Pagsagop". Los otros pasaban el día entero en el centro, porque sus madres se habían ofrecido voluntariamente a preparar las comidas. Los niños tenían edades comprendidas entre los 7 y los 17 años y todos habían tenido algunas experiencias traumáticas como resultado de la guerra. Tata (10 años) y Gaga (7 años) habían perdido a sus padres y a dos hermanas; murieron a machetazos en una matanza perpetrada con cuchillos bolo por fanáticos del grupo de paramilitares Tad-Tad (cuyo significado literal es "hacer picadillo"); el pequeño Tata había presenciado la carnicería cuando contaba 7 años. Su abuela intentó cuidar de ellos, pero a causa de su pobreza y de los problemas conductuales/emocionales de los niños, no pudo seguir haciéndolo. Los padres de Royroy (11 años) fueron detenidos y "desaparecieron". El padre de Nonoy (10 años) fue asesinado frente a la puerta de su casa; su madre se marchó con el hijo mayor para rehacer su vida en la isla de Luzón, y no tenía intención de que Nonoy viviera con ellos después de haberse casado de nuevo. El padre de Baby (17 años) fue asesinado en presencia de su hija. Weng (14 años) sufrió la violación colectiva de un grupo de soldados. Gigi (10 años) y Jun (12 años) formaban parte de un grupo de desplazados que huyeron de su región a causa de años de matanzas, detenciones, quema de casas y bombardeos por parte de militares y paramilitares.

Además, dado que los abogados que defienden los derechos humanos se servían de los supervivientes para presentar cargos contra grupos paramilitares, unidades militares y soldados individuales, y dado que muchos de los niños habían presenciado acciones semejantes —de hecho, algunos de ellos eran los únicos testigos de masivas violaciones de los derechos humanos cometidas por soldados y grupos paramilitares—, sus propias vidas corrían un peligro constante.

Los niños procedían en su mayoría de familias muy pobres. Tras el asesinato o la "desaparición" de sus padres, otros miembros de la familia intentaban cuidar de ellos. Pero como la mayoría de los tíos, tías o abuelos no tenían dinero para alimentar siquiera a sus propios hijos, estos niños, ya traumatizados, acababan rodando de casa en casa. Cuando la familia que se ocupaba de ellos se decidía a pedir ayuda, la mayoría de los niños padecían una desnutrición grave y se sentían totalmente abandonados. Todos presentaban síntomas de trauma psicológico agudo, fruto de las terribles experiencias antes mencionadas.

Resultados de la Terapia de Proceso Creativo

El terapeuta de TPC que trabaja en un centro como el CRC tiene que ser mucho más creativo que el que trabaja en un país económicamente más desarrollado, como Holanda. El terapeuta debe ser creativo para encontrar las actividades y los materiales adecuados para la fase de desarrollo en la que se encuentra cada paciente en cada momento de la sesión.

Disponíamos de pocos recursos para el uso de los niños. Yo sólo podía usar las zonas de la casa que no estaban ocupadas por los demás talleres, y éstas cambiaba de un día para otro. Toda la gama de materiales de los que disponía consistía de tijeras, pegamento, lápices, pinturas de cera y papel. En una ocasión obtuve dinero para comprar papel de colores. De manera que me veía obligada a realizar el mayor número de actividades posibles con estos materiales, junto con los que pudiera encontrar alrededor de la casa, tales como plantas, semillas, cajas de cartón y conchas procedentes de la cena.

El dibujo era la única experiencia previa de los niños en el terreno de las artes plásticas, de modo que se convirtió en el elemento central de nuestro trabajo. Los niños comenzaron a dibujar bombardeos, matanzas, combates y sucesos por el estilo. Dibujaban las cosas que les habían hecho daño o que les producían más miedo. Repitieron lo mismo día tras día, hora tras hora, por espacio de unas cuatro semanas y media. Más tarde, cuando se redujo suficientemente el miedo y la agresión, los niños comenzaron a expresar otros sentimientos. Pasaron entonces a observar lo que ocurría a su alrededor, y acaso a disfrutar con ello; comenzaron a dibujar niños que comían helados, casas, árboles, frutas, juguetes y vestidos bonitos.

La autoestima de los niños mejoró notablemente en este periodo, mientras yo les enseñaba técnicas muy sencillas pero que ofrecían resultados sorprendentes y hermosos. Por ejemplo, les hacía dibujar con pegamento sobre un trozo se papel. Después cubrían el papel con arena fina y, al levantarlo, obtenían un cuadro. Para algunos niños era una gran sorpresa descubrir que eran capaces de hacer algo realmente bien y ver que los demás lo apreciaban sinceramente. Esto les animó a experimentar con una amplia gama de materiales, que incluía todo cuanto encontraban en la casa o en el jardín. Cada vez que conseguían hacer algo bien, o encontraban algo útil, se sentían orgullosos y reconocidos; de esta manera su autoestima fue creciendo.

Las sesiones de TPC se completaban con los talleres de la tarde, donde los niños cantaban, jugaban, practicaban deportes y compartían sus experiencias con otros niños y con el personal.

He aquí un ejemplo que muestra lo que este proceso significaba para los niños. Una tarde, por primera vez en dos meses, Tata se sentó en mis rodillas. Fue un momento muy íntimo y los demás niños supieron respetarlo. Me dijo que quería cantarme una canción, pero que no cantaba muy bien. Yo le contesté que me encantaría escuchar su canción de todos modos. Él cantó sentado en mis rodillas, me cogió los brazos para que lo abrazara y me clavó las uñas con fuerza. Me hacía daño, pero no dije nada porque comprendí que Tata estaba experimentando de nuevo lo que significaba el contacto físico con otra persona.

El caso de Royroy

Los padres de Royroy eran organizadores comunitarios. Una noche fueron detenidos por hombres vestidos con uniformes militares. Royroy era el único niño presente en la casa cuando esto ocurrió. Dice que reconoció a los hombres armados y que podría identificarlos. A la mañana siguiente sus padres aparecieron muertos.

Como todos los demás niños del grupo, Royroy comenzó dibujando. Hizo un montón de dibujos en los que aparecían pequeñas figuras humanas que llevaban armas, que se disparaban unas a otras y disparaban contra los helicópteros. Royroy aparecía normalmente en sus propios dibujos, luchando con los buenos en contra de los malos. Los malos pertenecían a la unidad militar que se llevó a los padres de Royroy. Parecía como si Royroy quisiera vengarse. Sus descripciones eran muy detalladas y estaba claro que tenía talento para el dibujo y la composición. Trabajaba en silencio y apenas hablaba con los demás niños del grupo. No me prestaba la menor atención y se alejaba en cuanto alguien lo rozaba. Parecía tener muy poca autoestima, y era muy tímido.

Yo le dejaba trabajar en paz. No manifesté ninguna expectativa, y me limitaba a proporcionarle el papel necesario para que hiciera sus dibujos.

También le decía que tenía mucho talento para el dibujo. Cuando le dije esto me miró a los ojos con expresión feliz, pero apartó la mirada casi inmediatamente.

Poco a poco fui introduciendo otras técnicas que los niños podían aplicar a sus dibujos, como el uso del pegamento y la arena antes descrito. Royroy resultó ser muy creativo. Parecía disfrutar cada vez más con las sesiones. Fue el primero que tuvo la idea de usar materiales del jardín, como hierba y hojas. Luego pasó al trabajo en tres dimensiones, y construyó un barco con una hoja de papel. Su trabajo seguía siendo muy minucioso —su barco de papel tenía una vela, una red y un pescador— y hermoso. Los demás niños y yo expresamos nuestra valoración de su trabajo. Royroy fue perdiendo la timidez y comenzó a mostrarme las cosas de las que se sentía particularmente orgulloso.

Un día, cuando llevábamos trabajando cuatro semanas, Royroy me mostró un dibujo de dos ejércitos luchando. Señaló quién era él en el dibujo y luego a otra figura que combatía a su lado, y dijo que era yo. Me había aceptado e incluso sentía que yo estaba de su parte. Poco después, Royroy empezó a dibujar casas, árboles y niños que comían helados. Sus dibujos sobre la guerra pasaron a segundo plano. Sonreía más a menudo, hablaba con los demás niños, se sentía claramente orgulloso de su trabajo y dejó de ignorarme. Aun así, era más introvertido que otros niños.

Royroy había estado ahorrando todo el dinero que recibía para sus gastos y el último día del programa compró una pistola y un cuchillo de juguete. Estos objetos posiblemente le proporcionaban una sentimiento de seguridad y, acaso, de poder; se mostraba seguro de sí mismo, miraba a la gente a los ojos y hablaba con los demás. Lo cierto es que estos juguetes parecían darle la autoestima que tanto necesitaba.

Sin duda Royroy aún tenía un largo camino por andar, pero había sacado algo positivo de las sesiones de TPC: había empezado a relacionarse con los demás, volvía a sentir que había personas que lo apoyaban y que estaban de su parte. Había descubierto que era capaz de hacer algo bien, que era creativo y que los demás apreciaban estas cualidades. Había recuperado algo de autoestima y era capaz de expresar algunos de sus sentimientos de venganza. En el futuro tal vez pueda aprovechar su gran talento creativo para hacer frente a otros acontecimientos de su vida.

Conclusión

Los conflictos armados tienen un impacto desproporcionado en los niños que viven en las zonas afectadas por éstos. Los niños traumatizados, inicialmente un subproducto de la violencia, pueden convertirse a la larga en una amenaza para la estabilidad de la comunidad, pues no saben cómo enfrentarse a los sentimientos que la guerra ha desencadenado en ellos, sino a través de un comportamiento trastornado. Esto reduce a su vez la estabilidad social y hace que la comunidad entera se torne más vulnerable a las presiones externas. Para cualquier proceso de desarrollo es crucial ayudar a los niños a superar las experiencias traumáticas que hayan podido sufrir, de un modo que les refuerce y les haga sentirse útiles.

Pese a que el experimento de la ciudad de Davao no respondía a un diseño formal, como tampoco los informes que a diario se realizaban, la evidencia empírica sugiere que la TPC es un instrumento que puede resultar de gran utilidad para la rehabilitación y el desarrollo. Quizá valga la pena poner en marcha un proceso experimental más formalizado en situaciones comparables, con el fin de evaluar más plenamente las posibles aplicaciones de este enfoque terapéutico. Del mismo modo, aunque este artículo señala las posibilidades multiculturales y multilingüísticas del proceso, sería necesario realizar nuevos estudios.

Aunque tal vez no sea posible aplicar el TPC a escala universal tal como se ha desarrollado en Holanda, estoy convencido de que los principios básicos y las ideas que hay tras esta terapia son válidos para cualquier niño en cualquier entorno, siempre y cuando se tengan en cuenta la situación y la cultura autóctona y se incorporen a la terapia. Asimismo, es esencial contar con personal local con experiencia previa en el desarrollo de actividades creativas con fines terapéuticos, los cuales pueden recibir capacitación para utilizar la TPC; ello contribuirá a asegurar el enriquecimiento de cualquier modelo terapéutico local existente. Por ejemplo, los miembros del CRC sabían lo que querían aprender; se mostraron dispuestos a descubrir por qué ciertas actividades tenían determinado impacto sobre determinados niños. La falta de experiencia del personal local puede hacer que el modelo terapéutico occidental predomine sobre las iniciativas locales, en cuyo caso no lograría satisfacer las necesidades de los propios pacientes. Por esta razón es esencial que participantes en las actividades de capacitación y su formador hablen con fluidez la misma lengua (7).

En lo que a política de desarrollo se refiere, la financiación y la formación de personal local de TPC podría ofrecer resultados muy positivos a largo plazo. Trabajar por la salud mental de los niños de hoy es contribuir a la creación de futuras generaciones de adultos mentalmente más sanos.

Notas

1 Gracias a Kim Scipes por su ayuda para preparar este artículo.

2 Para una entrevista detallada con Beth Marcelino, cofundadora del CRC, véase Joseph Collins: "Entrevista con la doctora Elizabeth Marcelino, Directora del Children's Rehabilitation Center de Manila, en *The Philippines: Fire on the Rim*, San Francisco: Institute for Food and Development Policy, 1989, pp. 291-292. Aunque el CRC se fundó originalmente en Manila, posteriormente se amplió y hoy cuenta con sedes regionales en la Ciudad de Davao (Mindanao), en la Región de Bicol, en el extremo más meridional de Luzón, y en Bacolod e Iloilo, en la región occidental de Visayas. El presente artículo se basa en mis experiencias en el CRC de la Ciudad de Davao.

3 Jasmin E. Acuna: "Children of war: state of the art", en Elizabeth Protacio-Marcelino (ed.): *First International Seminar-Workshop on Children in Crisis: Working Paper*, Ciudad de Quezon, Filipinas: Children's Rehabilitation Center: 175, 183-184 (1989).

4 Estos datos se han sacado de un artículo de Rolando Rodríguez aparecido en Kalingangan, una revista del Institute for Religion and Culture, en Sylvia Estrada-Claudio, José F. Bartolomé y Grace Aguiling-Dalisay: "Pilot study on children in crisis", en Protacio-Marcelino (op.cit), pp. 71-73.

5 Aunque la inmensa mayoría del trabajo realizado en Europa occidental y en Estados Unidos con los refugiados y con las víctimas de la tortura ha resultado sumamente valioso, es muy distinto del trabajo que se efectúa en las zonas arrasadas por la guerra: en estas regiones, los niños siguen estando expuestos a la violencia futura; así, buena parte de nuestro

trabajo se centra, por pura necesidad, en ayudar a las víctimas a encarar con éxito un entorno en el que subsiste la violencia.

6   J. Houben, H. Smitskamp y J. de Velde (eds): *The Creative Process*, part I, "Applications in Therapy and Education", Culemborg, Holanda: Phaedon, 1989.

7   Incluso partiendo de la base de que quienes trabajan en TPC tienen experiencia en procesos de rehabilitación y están familiarizados con formas de terapia no verbales, mi experiencia sugiere que sería necesario realizar un programa de formación de dos semanas de duración (con sesiones de 6 horas diarias), seguido de entre 15 y 30 sesiones de terapia supervisada. Al término de este proceso, los asistentes a estos cursos podrán transmitir sus conocimientos a otros colegas, aunque todavía deberán ampliar su formación en lo que a métodos pedagógicos y de instrucción se refiere. Es importante que los asistentes a estos cursos sean controlados con regularidad a lo largo del proceso. El instructor necesitará tiempo para familiarizarse con la cultura y las formas artísticas autóctonas antes de preparar sus cursos de formación; el curso debe programarse con el tiempo suficiente para realizar sesiones de evaluación periódicas y una evaluación final. Un curso completo de formación en TPC requiere entre 28 y 43 semanas, sin incluir el tiempo necesario para la redacción de textos y el trabajo documental.

La autora

Hàns Buwalda es especialista en Terapia de Proceso Creativo. Cuando escribió este artículo trabajaba como voluntaria en el Children's Rehabilitation Center de Filipinas, una organización que ofrece tratamiento y programas de rehabilitación a niños psicológicamente traumatizados por experiencias bélicas.

Este artículo se publicó originalmente en *Development in Practice*, Volumen 4, número 1, 1994.

La formación de trabajadores locales para la asistencia en salud mental

Jane Shackman y Jill Reynolds

Introducción

El artículo de Hàns Buwalda "Los niños de la guerra en Filipinas" (incluido en este volumen) describe algunos de los problemas emocionales de los niños de Filipinas, traumatizados por la violencia política, y refiere su introducción de la Terapia de Proceso Creativo en el Centro de Rehabilitación Infantil de la ciudad de Davao. El artículo plantea cuestiones interesantes en torno a la modificación y aplicación de un modelo terapéutico occidental a un país del sudeste de Asia que experimenta un conflicto de larga duración.

Nos gustaría profundizar en esta cuestión en relación con los tipos de programa de formación que se desarrollan actualmente en la antigua Yugoslavia y otras zonas de guerra o guerra civil. El objetivo es formar trabajadores pertenecientes a minorías étnicas en técnicas de asistencia y asesoramiento en salud mental, para que puedan trabajar con refugiados y desplazados que han sido víctimas de la guerra y de brutalidad extrema, incluidas detenciones, violaciones y torturas. Todos se habrán visto afectados por estas experiencias, y algunos podrían haber quedado gravemente traumatizados. Los programas de formación y el posterior trabajo de salud mental tienen lugar a menudo en campamentos de refugiados, abarrotados y con escasez de recursos, o en situaciones en las que continúan librándose combates y apenas pueden satisfacerse las necesidades básicas de seguridad, alimentación y refugio, y mucho menos las necesidades sociales, emocionales y de salud mental.

En nuestra condición de formadoras con experiencia en el terreno de la rehabilitación de refugiados, fuimos contactadas por una trabajadora británica que acababa de ser nombrada responsable de formación de una organización no gubernamental (ONG) en Croacia. Su principal función sería formar a trabajadores de lengua serbocroata en técnicas de orientación y asistencia en salud mental para su trabajo con personas desplazadas de Bosnia. Como trabajadora social en psiquiatría, tenía años de experiencia en el campo de la salud mental, en diversos escenarios, pero carecía de experiencia como formadora, y también en el trabajo con refugiados. Su ansiedad por el papel que debía desempeñar era evidente, y nos telefoneó para recabar asesoramiento dos semanas antes de viajar a Croacia.

Entre las preguntas que nos formuló figuraban las siguientes: ¿cómo planifico e imparto los cursos de formación apropiados? ¿Qué van a querer saber los participantes? ¿Cómo encuentro una manera efectiva de compartir mis conocimientos? En un intento de abordar algunas de estas cuestiones, ofrecemos este artículo a todas aquellas personas que trabajan en zonas de conflicto semejantes.

Primeros pensamientos

Si nos preocupan las limitaciones de nuestras aptitudes y experiencias en un contexto desconocido, recordemos que también los participantes en los cursos de formación pueden sentirse así. Si nos sentimos amilanados por la tarea que tenemos ante nosotros, puede que estos sentimientos sean un reflejo de algunos de los miedos de quienes nos disponemos a formar en el trabajo de salud mental.

Sugerimos que el ocuparse de las preocupaciones y ansiedades de los participantes es una buena manera de comenzar el curso de formación. Ello nos permitirá identificar con mayor claridad sus necesidades de formación y reforzar su seguridad en sí mismos para expresar y reafirmar sus necesidades.

Será importante combinar nuestros enfoques terapéuticos con los marcos culturales y los métodos de trabajo que les resultan familiares a los participantes, por lo que debemos familiarizarnos cuanto sea posible (¡y tan rápido como sea posible!) con las culturas, los valores y la situación locales, y tener en cuenta estos factores en nuestros programas de formación y nuestros modelos de trabajo. Los participantes en los cursos de formación serán una rica fuente de información y conocimientos, y deberían ser capaces de colaborar con nosotros para adaptar la ideas a formas de trabajo culturalmente adecuadas.

La selección de los participantes

Las experiencias, los conocimientos y el estatus de los participantes en sus respectivas comunidades influirán en cómo se los considera y en cómo pueden funcionar. La selección debe tener en cuenta la posición social y el estatus que ocupan en sus comunidades, para que sean merecedores de confianza y sean bien recibidos. Los trabajadores de asistencia primaria de salud o los promotores de salud comunitaria, por ejemplo, suelen ser gente conocida y se confía en ellos, y podrían ser candidatos a participar en los cursos de formación. Es posible que al llegar tengamos escaso control sobre la selección de los participantes, pero idealmente deberíamos introducir un proceso de selección muy sensible. Es evidente que el nivel de aptitud y los conocimientos de los participantes orientarán el diseño y el proceso del curso.

Repercusión emocional del trabajo

En la formación de personas para el trabajo con refugiados y desplazados, es necesario abordar la repercusión emocional que el trabajo tendrá en los participantes. Con independencia de las ideas, los módulos de formación, los ejercicios y los marcos que llevemos, es importante ayudar a los participantes a comprender y aceptar los diversos sentimientos que generar el trabajo que van a emprender. Es probable que tengan sentimientos de impotencia e incompetencia, y aun a veces de desesperación, además de esperanzas, compromi-

so, energía e ideas creativas. Reconocer este tipo de emociones no constituye un "tema" aparte en la formación, sino que está presente en todo el curso. Debemos incorporar oportunidades para que los participantes reflexionen y hablen acerca de sus sentimientos en relación con el trabajo, así como de los ejercicios de formación que les pidamos que hagan y de los sentimientos que éstos pueden provocar.

El objetivo es ayudar a los trabajadores a afrontar sus sentimientos de agobio o angustia. Recordemos que están profundamente involucrados en el conflicto de una manera que nosotros no lo estamos. Es probable que compartan muchas de las pérdidas y de los traumas de las personas con las que van a trabajar después. Esto nos otorga una fuerza excepcional, en comprensión y empatía, y una vulnerabilidad, por cuanto el trabajo puede dejar al descubierto sus propios pesares.

Además, los clientes pueden ser muy exigentes, sentirse furiosos con los trabajadores que son incapaces de proporcionarle lo que desean y tener envidia del empleo pagado que estos tienen. Los trabajadores tendrán responsabilidades nuevas para ellos, como evaluar la tendencia al suicidio de los clientes, y esta puede ser una carga pesada.

El trabajo en salud mental es a menudo doloroso y agotador. La formación debe ayudar a los trabajadores a reconocer sus propias necesidades emocionales, y apoyarles en su derecho a pedir también ayuda. Una trabajadora bosnia en el Reino Unido trabaja todas las horas del día y de la noche, para (según sus palabras) poder mantener a raya sus sentimientos de angustia. No recibe apoyo ni supervisión continuos. Ésta es una manera de afrontar sentimientos dolorosos que amenazan con aplastarnos, pero hay que dar oportunidades a los trabajadores para que recaben y reciban apoyo de otras personas.

Hay muchas formas de prestar atención a las respuestas emocionales de los participantes, y será necesario decidir hasta qué punto hay que fomentar deliberadamente el mostrarse a sí mismos en los grupos con los que se trabaja. Si la gente ha trabajado duramente para contener sus sentimientos de angustia, no les parecerá bien que se les despoje de sus defensas. Los ejercicios y los debates que den a los participantes la oportunidad de "ponerse en la situación del cliente" pueden ser una manera discreta de otorgar reconocimiento a las necesidades de apoyo de los participantes.

Un ejercicio de "petición de ayuda" (Open University, 1993) se fija en las ansiedades y la pérdida de control que la gente siente a menudo cuando busca ayuda.

Los participantes trabajan en tríos, y se pide a cada persona que piense en una relación con la que haya tenido dificultades. Tanto si buscaron ayuda para mejorar la relación en su momento como si no, ¿qué dificultades podría haber habido para ellos a la hora de pedir ayuda a alguien ajeno a la relación? Cuando los tres han debatido qué podría haber dificultado la petición de ayuda, se les pide que piensen en qué factores adicionales podrían hacer difícil para los refugiados, o para los traumatizados, pedir ayuda.

Este ejercicio puede modificarse centrando la atención en las "dificultades en las relaciones de trabajo". En ambos casos es probable que dé lugar a algún reconocimiento de las necesidades de los participantes y sus sentimientos de ambivalencia al pedir ayuda.

A menudo los clientes no hablarán inmediatamente de problemas emocionales, pero puede que traten preocupaciones de carácter más práctico. Se puede ayudar a los participantes a atender con sensibilidad estas demandas, a forjar confianza primero, antes de intentar iniciar temas de debate de carácter más emocional.

Apoyo permanente a los trabajadores

En épocas de conflicto, las redes de apoyo normales se deterioran o se rompen por completo, y puede ser necesario construir otras nuevas. Los cursos de formación brindan la oportunidad de poner en marcha este proceso. Debemos dejar tiempo para que los participantes debatan qué clase de apoyo necesitan, y cómo se les podría proporcionar. Tal vez puedan reunirse regularmente en grupos más pequeños, si trabajan en zonas geográficas cercanas; o pueden pedir a las organizaciones que los emplean que creen una estructura de apoyo o supervisión. Probablemente necesitaremos respaldar tales peticiones mediante conversaciones con las organizaciones para las que trabajan. El agotamiento es un factor real en este tipo de trabajo: al cabo de un tiempo, también los trabajadores se deprimen, se aburren o se desaniman (Van der Veer, 1992), y desde los primeros momentos es necesario establecer redes de apoyo para ellos.

Crear un ambiente seguro

Si podemos crear un ambiente de confianza y apertura, en el que los participantes se sientan lo bastante cómodos para compartir sus ansiedades, temores, vulnerabilidades, esperanzas e ideas, y para reconocer el impacto emocional del trabajo sobre sí mismos, estarán dispuestos a asumir riesgos a la hora de aprender y de probar nuevas técnicas en el trabajo con los clientes. Si creamos un ambiente seguro, los participantes podrán aprovechar mejor cualquier actividad y ejercicio estructurado que se introduzca, y practicar, cuestionar y adaptar nuevas habilidades.

¿Cómo se puede crear ese ambiente? Pensemos en cómo se presentará el curso de formación, y en forma de trabajo que tenemos prevista. Las presentaciones adecuadas son importantes, así como la posibilidad de "entrar en calor" mediante actividades no amenazadoras. A menudo recurrimos a un ejercicio que combina elementos de presentación y calentamiento.

Pida a cada participante que diga al grupo su nombre, y qué significa. Cada persona habla por turno durante sólo unos minutos. Los participantes decidirán por sí mismos cuánto desean compartir en esta fase. Si comenzamos nosotros, podemos marcar la pauta para los demás. El ejercicio brinda oportunidades a la gente para que hable de su etnicidad, historia familiar y religión. Es sorprendente cuánto puede significar un nombre para quien lo lleva y con qué rapidez unas palabras sobre ello pueden dar a otros miembros del grupo una visión, desvelando más sobre la persona.

Podemos usar ejercicios de calentamiento durante unos minutos al comienzo de cada nueva sesión: algo desenfadado antes de que comience la actividad seria, y una oportunidad para que los individuos se sientan conectados de nuevo con el grupo. Hablar de algo de lo que hayan disfrutado recientemente, o un recuerdo de la última sesión, son otras formas de dar a cada persona un momento para decir algo al comienzo de una nueva sesión. Dar un turno a cada persona es menos embarazoso para ella que si se la presiona para que hable en un debate general.

Los ejercicios pueden ayudar a la gente a pensar en las cuestiones desde una perspectiva distinta, y deberían promover el debate. Un buen enfoque consiste en pasar del trabajo individual a la conversación por parejas y el debate en grupos reducidos. Si la gente ha tenido la ocasión de anotar primero sus propios pensamientos, es más probable que se sientan lo bastante seguros para hablar con los demás, y después para participar en una discusión de grupo. Debemos animar a todos a participar, usando sus propias experiencias e ideas, y valorar todas sus contribuciones. Reconozcamos y tratemos las emociones que se susciten. Demos muchas oportunidades para que los participantes usen sus propios casos y ejemplos en sus debates por parejas y en grupo.

Métodos de formación

Puede que descubramos que el modo de formación que propugnamos tiene poco que ver con lo que esperan los participantes. Quizá esperen que pronunciemos conferencias, o que les impartamos una enseñanza más formal; en cambio, lo que sugerimos es una formación basada en la experiencia y la participación, con el formador en el papel de facilitador y no de profesor. Creemos que esto puede negociarse con el grupo, explicando los métodos de formación y las razones por las que se usan. Pero tal vez sea necesario hacer concesiones a las preferencias de los participantes. Esto podría hacerse distribuyendo unas notas breves preparadas previamente, quizás resumiendo las enseñanzas y los debates de sesiones anteriores. A la gente le resulta difícil adaptarse a estilos de enseñanza que no les resultan familiares, y será preciso tener esto en cuenta.

La participación es una de las claves del éxito de un curso de formación. Creemos que la gente "aprende haciendo", y reflexionando sobre su trabajo. Se puede lograr un alto nivel de participación comenzando por donde los participantes y sus comunidades están. El soporte teórico de este enfoque se encuentra en las ideas de Paulo Freire sobre la educación popular. Los programas de alfabetización de Freire para los habitantes de los barrios de viviendas precarias de Brasil permitían que la gente en grupo identificara sus propios problemas, analizara críticamente las raíces culturales y socioeconómicas de los problemas y desarrollara estrategias para llevar a cabo cam-

bios positivos en sus vidas y sus comunidades. En realidad, la gente se enseña a sí misma mediante el diálogo. El consejo de Paulo Freire sobre este proceso es pertinente:

Todo ser humano es capaz de mirar críticamente su mundo en un encuentro dialógico con los demás. [...] En este proceso se supera la vieja relación paternalista entre maestro y alumno. Un campesino puede facilitar este proceso para su vecino de manera más eficaz que un "maestro" traído del exterior. Cada hombre recupera su derecho a decir su palabra, a nombrar el mundo. (Freire, 1972)

Aunque los asistentes a los cursos pueden esperar que el instructor llegue como "experto", para dar soluciones a los problemas con los que tienen que lidiar, es más probable que nos veamos afectados por el hecho de que estamos trabajando en un país, una cultura y una situación donde nuestros conocimientos son limitados. Puede que nos preguntemos si nuestra experiencia y nuestros conocimientos sirven para algo. Es importante aclarar pronto nuestro papel: tenemos efectivamente competencia y técnicas que compartir, pero en cuanto formadores estamos allí para ayudar a los participantes a reconocer y aprovechar sus propios recursos y conocimientos. Estamos allí para ayudar al grupo a aprovechar su propia riqueza de experiencias e ideas creativas. Consideramos que el estudio de casos prácticos y el juego de roles ayudan en este proceso.

En grupos pequeños de cuatro o cinco miembros, los participantes pueden pensar en un cliente hipotético o real que les preocupe, o bien se puede presentar un caso preparado. Después de leer el resumen del caso, y especialmente el problema que se plantea, pida a los participantes que debatan en sus grupos: (1) ¿qué sienten?, (2) ¿qué piensan?, (3) ¿cuáles van a ser sus primeros pasos?, (4) ¿cómo se van a acercar al cliente, qué van a decir? Después del debate, los participantes pueden escenificar el comienzo de la entrevista con el cliente.

El juego de roles debe no entenderse como una prueba, sino como una oportunidad para que los participantes practiquen diferentes formas de intervención, y para que reciban retroalimentación sobre su impacto y sus ideas acerca de otros enfoques. Los participantes en el juego de roles y los observadores pueden cambiar de lugar para probar diferentes estrategias. Vinculado con el debate, la planificación y la revisión, y realizado en un entorno de apoyo, el juego de roles puede ser una de las formas de enseñanza más eficaces.

Consideraciones culturales

Es probable que existan diferencias culturales importantes entre el instructor en cuanto tal y sus participantes, del mismo modo que puede haber diferencias dentro del grupo de participantes y entre los participantes y los clientes con los que trabajarán. No podemos dar por supuesto que los participantes tengan un conocimiento completo de los antecedentes y los valores de sus clientes, simplemente porque son miembros de la misma comunidad más amplia. El examen de las expectativas, los valores, las virtudes y las diferencias culturales sobre cursos de formación es importante, a fin de sensibilizar a los participantes con sus propias normas e inclinaciones culturales en relación con sus clientes, y de animarles a recurrir a sus virtudes culturales y comunitarias intrínsecas para hacer frente a las pérdidas, las crisis y los traumas.

He aquí un ejercicio que puede abrir la discusión sobre diferentes valores culturales.

Los participantes anotan primero sus respuestas individuales a las siguientes instrucciones:

- *Enumere seis valores transmitidos a usted por sus padres o cuidadores.*
- *¿Cómo le hicieron tomar conciencia sus padres o cuidadores de los valores importantes?*
- *Señale con un círculo los valores que considere propios de su grupo cultural, étnico o racial.*
- *Ponga una raya al lado de los valores que continúa defendiendo y una cruz al lado de aquellos que ya no defienden.*

Los participantes trabajan después en grupos de tres para debatir sus respuestas (Christensen, 1992).

Los participantes pueden sorprenderse por los valores que se tienen en común, a pesar de las diferencias culturales, o por las diferentes inter-pretaciones del significado de los valores en términos de comportamiento. Pueden reconocer que la mayoría de los valores se transmiten mediante el ejemplo y por medios no verbales. Los participantes identificarán normalmente los peligros que entraña el imponer su propios sistema de valores. Si el grupo con el que se trabaja comparte un contexto cultural común, este ejercicio hace aflorar las diferencias de énfasis, interpretación y educación. Esto es útil para prevenir a los participantes contra la suposición de que ellos y sus clientes comparten valores y aspiraciones comunes.

También en este punto, la oportunidad de que los participantes piensen en sus respuestas individuales y trabajen primero en grupos reducidos son importantes para dar a todos la ocasión de ser escuchados y permitir que surjan las diferencias.

Sigue existiendo el riesgo de que el instructor imponga sin querer su sesgo cultural y su sistema de valores desde la influyente posición que ocupa. No siempre es fácil reconocer nuestros propios «anteojos» (Finlay y Reynolds, 1987). Por ejemplo, nuestra formación en trabajo social profesional, si está arraigada en valores occidentales, anglosajones y cristianos, ha tendido probablemente a centrarse en el logro, la realización y la satisfacción personal, y no en las colectivas, y a valorar el pensamiento y la acción independientes. Pero la perspectiva individual no siempre es fundamental. Debemos estar preparados para que se cuestionen nuestros propios supuestos.

La conciencia de las diferencias vinculadas con el género es fundamental. Cómo se consideran los hombres y las mujeres en su cultura, y cómo se invierte en ella, no son necesariamente lo mismo. Sus respuestas al dolor y las pérdidas, cómo procesan estos hechos, y su disposición a expresar las emociones pueden ser diferentes. Por tanto, deberíamos pensar en cómo podríamos manejar grupos de formación mixtos de hombres y mujeres, y en cómo haremos frente a las cuestiones que pueden generar reacciones y respuestas diferentes según el género. Los delitos sexuales, como la violación en el contexto de conflictos civiles, serían un ejemplo pertinente. Puede ser útil que los participantes trabajen en grupos del mismo sexo sobre algunos temas, para que la gente tenga la oportunidad de desarrollar sus ideas antes de compartirlas con el grupo mixto.

Contenido del curso

Nos hemos ocupado principalmente del proceso del grupo y de los métodos de formación. Examinemos ahora algunos de los temas cuya inclusión podría ser de utilidad (Reynolds y Shackman, 1993).

Las *teorías de la perdida y el dolor* son fundamentales para el trabajo con refugiados y desplazados. Estas personas habrán sufrido pérdidas personales: la muerte de familiares y amigos, la destrucción de sus hogares, la pérdida de sus pertenencias; y pérdidas abstractas: sin duda la pérdida de su forma de vida familiar, y tal vez la pérdida de creencias, ideologías y esperanzas para el futuro. No estarán seguras de si algunas de estas pérdidas son permanentes o temporales. Lucharán para entender lo sucedido, para dar significado a acontecimientos terribles. La comprensión de la pérdida y el dolor puede ayudar a los participantes en sus evaluaciones. Pero es necesario tener en cuenta que diferentes sociedades tienen diferentes maneras de afrontar el dolor y las pérdidas masivas, y tienen rituales de duelo y ritos de paso propios. Éstos son a menudo más colectivos y basados en la comunidad que en la sociedad occidental. La formación debería ayudar a los participantes a reconocer las respuestas y las fortalezas comunitarias, para que puedan basarse en ellas en su trabajo. Muchos refugiados y desplazados se sienten culpables de la muerte de sus seres queridos, y no han podido llorar su muerte.

La *intervención en las crisis* es otro marco teórico que puede ser útil, para que los participantes puedan considerar las etapas más normales de la transición en la vida de una persona (como la adolescencia, el matrimonio, el desempleo, la tercera edad) y cómo se ven afectadas de manera distinta por crisis o cambios inesperados. Las épocas de crisis son difíciles y dolorosas, pero a veces pueden brindar oportunidades de cambios positivos, además de los negativos.

La formación en *técnicas de evaluación* es una herramienta útil para ayudar a identificar qué puede necesitar un cliente, y quién necesita ayuda adicional. Se puede ayudar a los participantes a distinguir entre la angustia "normal" y los problemas de salud mental más graves, para que puedan decidir cuándo una persona debe recibir ayuda psiquiátrica (una decisión difícil cuando es probable que los servicios especializados escaseen). Los participantes estarán en mejor posición que nosotros para saber qué se considera "normal" y "anormal" en su cultura, y esto debe ser debatido abiertamente. El estigma de la enfermedad mental puede impedir que muchas personas acudan a pedir ayuda. Los trabajadores pueden encontrar fórmulas para animar a la gente a pedir ayuda después de un sufrimiento extremo, sin que esto se considere enfermedad o debilidad. Una lista de control para evaluar el riesgo de suicidio en los clientes puede ser de utilidad, al igual que el análisis de los usos —y, a veces, abusos— de la medicación psicotrópica. El instructor deseará elevar la conciencia de los clientes acerca de los miembros vulnerables de la comunidad: por ejemplo, los niños, en particular los que carecen de compañía; las mujeres por sí mismas; los ancianos; y las personas que tienen un historial previo de enfermedad mental.

La comprensión de algunos de los posibles efectos de la tortura y el trauma ayudará a los participantes a realizar evaluaciones exactas: los supervivientes de la tortura y el trauma experimentan a menudo pesadillas, falta de concentración y rememoraciones de hechos traumáticos, pero no son indicios de enfermedad mental a menos que afecten seriamente a la capacidad de la persona para salir adelante. Los trabajadores pueden tranquilizar a los clientes diciéndoles que esta clase de síntomas son de esperar después de una experiencia traumática. Si la persona no puede sobrellevar las tareas e interacciones de la vida diaria, esto es un indicio mejor que los síntomas por sí solos de que una persona está en peligro y de que necesita una ayuda complementaria (Summerfield, 1992). A menudo los miembros de la comunidad circundante podrán identificar a las personas que consideren que no "se las arreglan".

Las *técnicas de orientación* y la capacidad de escuchar con actitud de apoyo, atención y sin emitir juicios pueden desarrollarse mediante la práctica y los juegos de roles. Los participantes pueden elegir o recibir estudios de casos y pueden practicar, por ejemplo, cómo entrar en contacto y hablar con una persona que esté encerrada en sí misma y muy deprimida; cómo escuchar y responder a alguien que esté extremadamente angustiado e inquieto; cómo trabajar con la cólera y la amarga desesperanza respecto al futuro de un cliente.

Los ejercicios y los debates que permitan a los participantes aclarar su papel y sus limitaciones son útiles. Este tema requirió un tiempo considerable en un curso de formación reciente que una de las autoras dirigió para trabajadores de lengua serbocroata en el Reino Unido, que trabajaban con refugiados bosnios en el exilio. Se sentían acosados por las demandas de los clientes, los colegas y los organismos para los que trabajaban. Aclarar cuál era su papel y afirmar qué expectativas podían o no podían satisfacer les dio confianza para decir "no" cuando fuera necesario.

Otros temas útiles podrían ser las *técnicas de resolución de problemas*, las *técnicas de interpretación,* el *desarrollo comunitario* y el *trabajo con mujeres que han sido violadas.* (No es probable que estas mujeres se presenten para recabar "orientación sobre las violaciones", pero podrían acoger positivamente la oportunidad de someterse a un reconocimiento médico, y es posible que más adelante deseen hablar de sus experiencias o conocer a otras mujeres que han pasado por sufrimientos semejantes). El desarrollo de *técnicas de trabajo en grupo* es sumamente útil en aquellos casos en que las personas afectadas por la violencia y el trauma sean muchas, y en aquellos en que haya un enfoque más colectivo para abordar el dolor y la pérdida. La gente puede adquirir fuerza y seguridad en sí misma compartiendo experiencias y prestándose apoyo mutuo (Blackwell, 1989; Shackman y Tribe, 1989). Mujeres guatemaltecas en Ciudad de México que se conocieron al formar parte de un grupo de autoayuda se dieron cuenta de que todas habían llegado a pensar: "estoy loca", cuando en realidad sufrían los efectos del aislamiento y de la grave represión política (Finlay y Reynolds, 1987).

Es probable que se nos ocurran muchos otros temas: al desarrollar el contenido de los cursos de formación, se pueden aprovechar plenamente la formación y las aptitudes profesionales del instructor. Sugerimos que se haga una lista de todos los temas que se pueden abarcar, y de lo que se piensa que los participantes tal vez deseen aprender. Prepararemos o adaptaremos ejercicios para permitir que los participantes prueben nuevas habilidades y técnicas, y tendremos claro qué observaciones docentes deseamos hacer. Es probable que no se utilicen todas y que, una vez que se averigüen las necesidades de los participantes, debamos adaptar los planes en consecuencia. Nos sentiremos más seguros si sabemos que tenemos preparadas algunas ideas: una selección de la que se puede echar mano, un menú variado y nutritivo del que el instructor y sus participantes pueden probar muestras. Aprenderemos nuevos enfoques y métodos de trabajo de los propios participantes.

Preparar un programa interesante

El trabajo con clientes que pueden estar traumatizados y experimentar problemas de salud mental puede ser extenuante, y lo mismo sucede con los cursos de formación que se ocupan de estas cuestiones. Tener previstos diversos temas y ejercicios permitirá variar el ritmo y el ambiente. Es posible que a veces deseemos distender el tono. Los ejercicios de calentamiento pueden ser divertidos, y pueden tener puntos útiles de aprendizaje. Si se dispone de vídeo y/o diapositivas, también pueden ser útiles como herramientas de aprendizaje, que den a los participantes un descanso en la concentración en ellos mismos. Las notas preparadas previamente permitirán recordar los puntos claves cubiertos. Resúmenes, retroalimentación y sesiones de evaluación al final de cada jornada reforzarán lo que se haya hecho, resaltarán lo que los participantes han encontrado útil y revelarán cuáles son las lagunas.

Durante el curso de formación para trabajadores de lengua serbocroata, dedicamos algún tiempo a leer poemas, cantar canciones folklóricas y populares de Bosnia, contar chistes y dibujar —los participantes produjeron vívidas imágenes de grupo que representaban "ser un buen oyente"—. Todas estas actividades ayudaron a construir una firme identidad de grupo, y crearon un buen clima de confianza y apertura, en el que se debatieron y abordaron muchas cuestiones difíciles.

Recomendamos que los participantes evalúen cada curso de formación al término del mismo, para ayudar a desarrollar otros cursos. Debemos pedir comentarios sobre diversos aspectos, entre ellos nuestro estilo: si logramos que la gente ponga por escrito sus respuestas antes de que el grupo se disgregue, deberíamos obtener respuestas sinceras.

Estar preparado para lo inesperado

Con bastante frecuencia los formadores se enfrentan a la incertidumbre de no saber a ciencia cierta cuánto durarán los cursos o quién asistirá a ellos. Es probable que debamos dirigir cursos de diversa índole, tanto para trabajadores sin experiencia como para otros más experimentados. Además, puede que se nos pida que actuemos como asesores de grupos o equipos de trabajadores. Se trata de un papel diferente, y es necesario aclarar qué es lo que se pide. Cada curso de formación es diferente, pero confiamos en haber ofrecido algunas directrices útiles.

Si es posible trabajar junto a otro instructor, conviene hacerlo, preferiblemente con alguien que comparta el idioma y la cultura con los participantes. Siempre es más fructífero y creativo trabajar con otro instructor, planificar los cursos juntos, tratar las situaciones difíciles, apoyarse mutuamente. Será necesario dedicar tiempo para forjar la relación con el otro formador, e incluso entonces las cosas no siempre funcionan bien, pero es un tiempo bien empleado (Reynolds y Shackman).

Desarrollar un modelo de formación para el futuro

Confiamos en haberles ofrecido confianza y algunas ideas. A medida que la preparación continúe, merece la pena leer las reseñas de programas de formación desarrollados en América Latina, que ofrecen modelos de cómo el trabajo puede seguir surtiendo efecto mucho después de haber terminado nuestro breve cometido. El grupo de autoayuda con guatemaltecos en Ciudad de México al que ya hemos hecho referencia, creó un grupo básico de promotoras de salud mental que continuó trabajando con mujeres y niño refugiados, y organizó talleres para otras personas durante algunos años después del proyecto inicial (Ball, 1991). Un modelo de formación que llegue a los miembros respetados de una comunidad puede tener un efecto "multiplicador" a la hora de asegurar que las técnicas y metodologías apropiadas se transmiten a otras personas.

Para las ONG que llevan a cabo programas de formación en salud mental, es importante integrar este trabajo en proyectos de desarrollo a más largo plazo. Con mucha frecuencia, este trabajo forma parte de una respuesta a las crisis, cuando lo que se necesita es el compromiso de apoyar los programas psicosociales durante un periodo, para dar continuidad con planes más amplios de salud y desarrollo comunitario. Si podemos plantear estas cuestiones a nuestra ONG en los primeros momentos, podremos asegurar que nuestro trabajo surta efectos de gran alcance en la vida de la comunidad.

Obras citadas

Ball, C. (1991), "When broken-heartedness becomes a political issue", en T. Wallace y C. March (eds.), *Changing Perceptions: Writings on Gender and Development,* Oxfam Publications, Oxford.

Blackwell, R. D. (1989), *The Disruption and Reconstruction of Family, Network and Community Systems Following Torture, Organised Violence and Exile,* The Medical Foundation for the Care of Victims of Torture, Londres.

Buwalda, H. (1994), "Children of war in the Philippines", *Development in Practice,* vol. 4 (1), págs. 3-12.

Christensen, C. P. (1992), "Training for cross-cultural social work with immigrants, refugees and minorities, a course model", en Ryan (ed.), *Social Work with Immigrants and Refugees,* Haworth, Nueva York.

Finlay, R. y Reynolds, J. (1987), *Social Work and Refugees: A Handbook on Working with People in Exile in the UK,* National Extension College/Refugee Action, Cambridge.

Freire, P. (1972), *Pedagogy of the Oppressed,* Penguin, Harmondsworth [versión castellana: *Pedagogía del oprimido,* Madrid, Siglo XXI, 1992 (12ª edición)]

Open University (1993), *Roles and Relationships: Perspectives on Practice in Health and Welfare,* (K663), Workbook 2, "Focusing on Roles and Relationships", Open University, Milton Keynes.

Reynolds, J. y Shackman, J. (1993), "Refugees and Mental Health: Issues for Training", *Mental Health News.*

Reynolds, J. y Shackman, J. (Pendiente de publicación), *Partnership in Training and Practice with Refugees.*

Shackman, J. y Tribe, R. (1989), *A Way Forward: a Group for Refugee Women,* Medical Foundation for the Care of Victims of Torture, Londres.

Summerfield, D. (1992), *Addressing Human Response to War and Atriocity: An Overview of Major Themes,* Medical Foundation for the Care of Victims of Torture, Londres.

Van der Veer, G. (1992), *Counselling and Therapy with Refugees: Psychological Problems of Victims of War, Torture and Repression,* Wiley, Chichester.

Las autoras

Jill Reynolds es profesora de la Open University (Reino Unido), en la Escuela de Salud, Bienestar y Educación Comunitaria. Su experiencia previa incluye la formación de trabajadores parasociales y trabajadores comunitarios procedentes de Vietnam y otros grupos de refugiados. Ha desarrollado programas de enseñanza sobre refugiados para la formación profesional en trabajo social.

Jane Shackman es coordinadora de formación en la Medical Foundation for the Care of Victims of Torture, especializada en las necesidades de los refugiados. Ha desarrollado formación sobre los problemas de los refugiados para varias autoridades locales , destinada a trabajadores sociales y docentes.

Este artículo fue publicado por vez primera en *Development in Practice,* volumen 4, número 2, en 1994.

Las Naciones Unidas se pronuncian sobre los desalojos forzosos

Miloon Kothari

Introducción

El aspecto más decisivo —y sin embargo ampliamente incomprendido— de los derechos humanos es quizás el referido a la acción internacional relacionada con estos derechos. La acción internacional se percibe, por un lado, como un instrumento del que se sirven Estados Unidos y otros países occidentales para intimidar a las naciones del Tercer Mundo. Por otro lado, la vía más realista para garantizar el respeto a los derechos humanos, a través de las Naciones Unidas, se ignora deliberadamente o se utiliza de forma abusiva.

Esto se pone de manifiesto cuando los segmentos más pobres y vulnerables de la sociedad se enfrentan a crisis que ponen en peligro su sustento y su supervivencia. Los ejemplos más notorios corresponden al desplazamiento masivo, el desalojo, el despojo y la migración forzosa de millones de personas en todo el mundo —principalmente en los países en desarrollo, aunque estas acciones son a menudo instigadas y perpetradas por instituciones internacionales, como el Banco Mundial y las agencias donantes de los países industrializados—

Los desalojos forzosos, el desarraigo de personas y comunidades de sus hogares en contra de su voluntad, se han convertido en un fenómeno recurrente en todas las regiones del planeta. En muchos países son un acontecimiento rutinario, pero su impacto devastador es difícil de imaginar y aún más difícil de valorar.

Espoleados por el enérgico compromiso de las ONG e influidos por la labor pionera de las agencias pro derechos humanos de las Naciones Unidas, las preocupaciones, los estudios y las resoluciones que ahora emanan del programa de las Naciones Unidas para los derechos humanos presentan, sin embargo, un tono y un contenido claramente distintos del que tenían en los años setenta y ochenta (1). Ahora existe una interpretación crítica y oportuna de las desigualdades estructurales que contribuyen a que prevalezcan fenómenos como el de los desalojos forzosos. Para todos aquellos que luchan a diario para sobrevivir, es crucial el intento de "desdibujar" la distinción entre los derechos económicos, sociales y culturales, por un lado, y los derechos civiles y políticos, por otro. Esta distinción artificial ha ensombrecido y a menudo ha debilitado cualquier labor relevante en el ámbito de los derechos humanos internacionales. El reciente enfoque holístico resulta especialmente oportuno, dado que Estados Unidos, incluso bajo la administración Clinton, continúa minimizando la importancia, el reconocimiento y la ratificación de los instrumentos internacionales que confieren derechos económicos, sociales y culturales.

Los últimos años han contemplado grandes cambios. Es digna de mención la labor de la Subcomisión para la Prevención de la Discriminación y la Protección de las Minorías (de ahí lo de Subcomisión) de la ONU, un órgano asociado a la Comisión de Derechos Humanos de las Naciones Unidas, que se encarga de elaborar estudios y de hacer recomendaciones a la Comisión para la acción posterior. Los trabajos pioneros emprendidos por Danilo Turk, Informador Especial de las Naciones Unidas para la Realización de los derechos Económicos, Sociales y Culturales, y miembro de la mencionada Subcomisión, ha situado estos derechos en el lugar que les corresponde. Su segundo informe de avances se dedica plenamente a documentar el impacto negativo de las políticas de ajuste económico, especialmente las diseñadas por el FMI y el Banco Mundial, en la realización de los derechos económicos, sociales y culturales (2). Una de sus recomendaciones —sobre la necesidad de diseñar orientaciones para las políticas de ajuste económico que se sitúen dentro del marco de los derechos humanos— está actualmente bajo la consideración del Centro para los Derechos Humanos de las Naciones Unidas.

El derecho a una vivienda digna

En agosto de 1992, la Subcomisión de Derechos Humanos nombró al magistrado Rajindar Sachar Informador Especial de las Naciones Unidas para la realización del derecho a una vivienda digna. En si documento de trabajo, el Juez Sachar se proponía identificar las causas estructurales por las que se mantienen las crisis habitacionales, incluyendo el fracaso de las políticas gubernamentales, la discriminación en la esfera habitacional, los programas de ajuste estructural y la deuda, la pobreza y la privación de medios, y los desalojos forzosos (3).

El documento de trabajo fue elogiado tanto por los miembros de la Subcomisión como por una gama de ONG que despliegan su actividad ante esa instancia en cuestiones tan diversas como la salud, el medio ambiente, la pobreza y la tortura. Lo que se valoró especialmente fue el intento de identificar una serie de violaciones de las que rutinariamente es objeto el derecho a la vivienda, y de proyectar la necesidad de desarrollar una actividad sostenida en favor de estos derechos "preventivos", con el fin de comprender las causas estructurales del declive de las condiciones habitacionales y de vida en todo el mundo. En 1993, el Juez Sachar presentó su primer informe de avance, centrado principalmente en la naturaleza de las obligaciones gubernamentales relativas al derecho a la vivienda. Ello ha contribuido a una mejor comprensión de cómo los derechos económicos, sociales y culturales pueden hacerse realidad, de qué acciones se espera que emprendan los gobiernos y de qué procesos se espera que detengan, de manera que sea posible conquistar y conservar estos derechos (4).

El Comité de Derechos Económicos, Sociales y Culturales, el organismo de las Naciones Unidas encargado de supervisar el Pacto Internacional sobre Derechos Económicos, Sociales y Culturales (5), viene ofreciendo desde 1991 una interpretación jurídica, en forma de Comentarios Generales, de los distintos artículos del Pacto que contienen los principales derechos en los que se basa el Pacto: salud, educación, vivienda, etc. El primer Comentario General sobre un derecho específico, el derecho a una vivienda digna, fue adoptado en diciembre de 1991 (6).

La fundamentación de este derecho se encuentra en la noción de que todos los derechos humanos se hallan ligados integralmente, y que el derecho a la vivienda *«no debe interpretarse en un sentido estrecho o restrictivo que lo equipare a, por ejemplo, el refugio resultante del mero hecho de tener un techo sobre la cabeza, o que entienda el refugio exclusivamente como un bien. Al contrario, debe considerarse como el derecho a vivir en cualquier lugar en condiciones de seguridad y dignidad.* » Además, el Comité ha comenzado a reclamar nuevos instrumentos, como un Protocolo Facultativo al Pacto (7). Este mecanismo permitiría presentar quejas formales ante el Comité por parte de los individuos y los grupos de personas cuyos derechos recogidos en el Pacto hayan sido violados, y solicitar una reparación y compensación por haber padecido tales violaciones (8).

Estos cambios recientes en las Naciones Unidas son en gran medida fruto de la conciencia y de la información generadas por ONG, muchas de ellas del Tercer Mundo. La información facilitada por diversas ONG sobre la cuestión de los desalojos forzosos sirvió para convencer a las Naciones Unidas de la necesidad de adoptar resoluciones sobre el tema.

La Resolución sobre los Desalojos Forzosos

Un reflejo de la tendencia que se observa dentro de las Naciones Unidas hacia una visión más holística de los derechos humanos son las resoluciones y pronunciamientos innovadores que abordan el fenómeno de los desalojos forzosos.

Tras reconocer que los desalojos forzosos no se limitan a los proyectos de desarrollo a gran escala y a planes de "reestructuración urbana" o de "embellecimiento urbano", las Naciones Unidas admiten ahora que los desalojos forzosos abarcan una gama de fenómenos mucho más insidiosos, que son el resultado de los estragos producidos por políticas de desarrollo insensibles y erróneas, que tienen un efecto nocivo para las capacidades, la identidad y la supervivencia misma de personas y comunidades.

La Comisión de Derechos Humanos

En marzo de 1993 la Comisión de Derechos Humanos de las Naciones Unidas adoptó una resolución titulada "Desalojos Forzosos" en la que urgía a los gobiernos a abandonar de inmediato cualquier proceso susceptible de producir desplazamientos masivos de personas y comunidades, práctica que define como una "violación grave de los derechos humanos, concretamente del derecho a una vivienda digna" (9). La Comisión definió el fenómeno de los desalojos forzosos como «*el traslado involuntario de personas, familias y grupos de sus hogares y comunidades, que se traduce en el aumento del número de personas sin hogar y en el deterioro de las condiciones de vida*».

Esta resolución histórica, dictada por el principal organismo de las Naciones Unidas en materia de derechos humanos, integrado por 53 gobiernos, proporciona un instrumento sumamente valioso para todos aquellos grupos que luchan contra el generalizado y creciente fenómeno de los desalojos forzosos. La adopción de la resolución se produce tras tres años de esfuerzos en Ginebra por parte de una ONG afincada en México, Habitat International Coalition (HIC), que ha dirigido la iniciativa de las ONG en el seno de las Naciones Unidas en materia de desalojos y derechos habitacionales. HIC recibió el respaldo de una red mundial cada vez mayor integrada por diversas ONG y organizaciones comunitarias, cuyos miembros facilitaron la información necesaria y enviaron a sus activistas para testificar ante los diversos organismos de derechos humanos de las Naciones Unidas.

En las diferentes propuestas remitidas a las Naciones Unidas y en los diversos estudios globales realizados por HIC sobre los desalojos forzosos anteriores y los aún pendientes, esta organización se ha servido de ejemplos como el proyecto del embalse de Sardar Sarovar en el río Narmada, en la India, para ilustrar el disparate que supone la aprobación de proyectos que comportan desalojos masivos (10). Además de los desalojos resultantes de algunos megaproyectos, se observan en todo el mundo muchos procesos más insidiosos, que abarcan desde la falta de oportunidades para ganarse el sustento, al aumento de la inseguridad que resulta de las luchas comunales, a los cambios en los modos de producción agrícola que afectan parcialmente a los pequeños agricultores, y al expolio de los recursos naturales para abastecer la demanda de mercados urbanos en expansión que satisfacen las necesidades de consumo de las élites. Sólo en la India, por ejemplo, algunos analistas cifran el número de personas desplazadas por la construcción de grandes presas desde que el país obtuvo su independencia, en 1947, en la sobrecogedora cantidad de 20 a 30 millones (11).

Estos procesos están destinados a acelerarse en aquellos países que atraviesan por fases de "ajuste estructural". Ello es en parte resultado de un grave deterioro de los derechos de acceso a los recursos sociales básicos, provocada por la reducción de los presupuestos gubernamentales. Si a ello le sumamos el impacto de la subida de los precios de la tierra, en un mercado dominado por una especulación desenfrenada, y la carga adicional derivada del precio de los servicios (electricidad, agua, sanidad) sobre el ya limitado poder adquisitivo de la mayoría de las personas, las perspectivas son sin duda ominosas (12).

La resolución urge a los gobiernos a «*proporcionar seguridad legal sobre su propiedad a todas aquellas personas actualmente amenazadas de desalojo, así como a adoptar las medidas necesarias para ofrecerles plena protección contra los desalojos forzosos, basada en la participación, la consulta y la negociación con las personas o los grupos afectados.*» Y admite que «*los desalojos forzosos y la privación de hogar intensifican los conflictos sociales, aumentan la desigualdad y afectan invariablemente a los más pobres, a los sectores de la sociedad más vulnerables y políticamente desfavorecidos en lo social, en lo político y en lo ambiental*». (La resolución debe entenderse como un todo, pero es importante señalar aquellas partes que implican cambios sustanciales con respecto a las posiciones habituales de las Naciones Unidas.

Tomando en consideración las necesidades específicas de todas aquellas personas que ya se han visto obligadas a abandonar sus hogares, la resolución ordena a los gobiernos el realojo inmediato de estas personas con todos los servicios necesarios. Asimismo, los urge a «*proporcionar de inmediato restitución, compensación y/o tie-*

rras o alojamiento alternativos adecuados, suficientes y coherentes con sus deseos y necesidades, a aquellas personas y comunidades que hayan sido desalojadas por la fuerza, tras la realización de negociaciones mutuamente satisfactorias con las personas o los grupos afectados. »

La Subcomisión de Derechos Humanos

El organismo de las Naciones Unidas directamente responsable de sacar adelante las resoluciones dictadas por la Comisión es la Subcomisión de Derechos Humanos. En agosto de 1991 la Subcomisión adoptó la primera resolución de las Naciones Unidas sobre "desalojos forzosos" (13). Tomadas en conjunto, ambas resoluciones suponen un cambio importante con respecto a las posiciones habituales de la ONU en esta materia y proporcionan un poderoso instrumento para identificar y condenar a las fuerzas responsables de los desalojos. La resolución de la Subcomisión, por ejemplo, admite que *«la discriminación basada en la raza, la procedencia étnica, la nacionalidad, o el sexo, así como la condición social, económica o de otra índole, es a menudo el motivo real oculto tras los desalojos forzosos»*.

La resolución pone igualmente de manifiesto el papel de la acción y la planificación política, afirmando sin reservas que *«las políticas de desarrollo erróneas pueden provocar desalojos forzosos a gran escala»* y que *«los gobiernos a menudo intentan camuflar la violencia que puede acompañar a los desalojos forzosos mediante el uso de términos como "limpieza del entorno urbano", "renovación urbana", "hacinamiento" y "progreso y desarrollo"»*.

El Comité de Derechos Económicos, Sociales y Culturales de las Naciones Unidas

El artículo más importante del Pacto, y el que constituye la base de la labor del Comité en materia de desalojos y derecho a la vivienda, es el artículo 11 (1): *«Los Estados firmantes del presente Pacto reconocen el derecho de todas las personas a un nivel de vida adecuado para sí mismas y para sus familias, lo que incluye alimentos, ropa*

y vivienda adecuados así como una mejora constante de las condiciones de vida". En su Comentario General nº 4 sobre el derecho a una vivienda digna, el Comité, haciendo una interpretación legal del artículo 11 (1), afirma explícitamente que *«los desalojos forzosos son, prima facie, incompatibles con los requerimientos del Pacto y sólo podrían justificarse en las circunstancias más excepcionales y de acuerdo con los principios fundamentales del derecho internacional»* (14).

En 1991 y 1992 el Comité, partiendo de pruebas de los desalojos realizados en Panamá y la República Dominicana, denunció la violación del Pacto por parte de estos dos países (15). La información que condujo a estos históricos pronunciamientos fue facilitada por Habitat International Coalition, y la notoriedad que alcanzó posteriormente, unida a las movilizaciones en contra de las políticas gubernamentales de estos dos países —auspiciadas por las ONG locales— y a las masivas campañas de concienciación, se tradujo en un descenso apreciable de los desalojos forzosos (16). El Comité continúa recriminando a los gobiernos que practican desalojos forzosos y supervisando la situación en Filipinas, Nicaragua, Kenia, Panamá y la República Dominicana. Entre los países que han sido amonestados de forma cautelar figuran también Italia, México y Canadá (17).

El impacto combinado de los esfuerzos arriba descritos, y en particular la actividad desarrollada por HIC en la difusión de estos pronunciamientos, ya ha producido como resultado la protección de al menos 250.000 familias amenazadas por proyectos de desalojo, principalmente en Zambia y en la República Dominicana (18).

Entre las ONG que han aprovechado estos canales para difundir internacionalmente sus causas y debilitar a las fuerzas causantes de las violaciones contra el derecho a la vivienda y a la tierra, figuran el Movimiento Brasileño para la Defensa de la Vida, en Brasil; El Comité de Derechos del Barrio (COPADEBA) y Ciudad Alternativa, en la República Dominicana; Urban Poor Associates and Saligan, en Filipinas; la Unión de Inquilinos, en Italia; el Centro para la Igualdad de Derechos y la Vivienda, en Canadá; Habitat México y Casa y Ciudad, en México; ZWOSAG, en Zambia; y la Comisión Nacional de Derechos Humanos de Panamá (CONADEHUPA), en Panamá (19).

Conclusiones

Podemos estar seguros de que con las actuales prioridades sociales y políticas, en virtud de las cuales las personas son desalojadas para satisfacer las necesidades de modelos de desarrollo inadecuados, la mayoría de los gobiernos no seguirá de manera voluntaria los imperativos establecidos por los pronunciamientos de las Naciones Unidas. En todo caso, las prioridades de los gobiernos más bien tienden a ir en la dirección contraria. Tomando tan sólo el ejemplo de la posición recientemente adoptada por algunos países asiáticos, nos encontramos con una nueva justificación de la manera selectiva con la que algunos Estados abordan las opciones de desarrollo y las cuestiones de derechos humanos. Estos Estados asiáticos afirmaron recientemente que el derecho exclusivo del Estado al desarrollo es más importante que las consideraciones sobre los derechos humanos. Tal afirmación es en apariencia contradictoria, pero resulta sumamente oportuna para ocultar las violaciones de los derechos humanos. El mensaje está bien claro: los desalojos forzosos y una multitud de violaciones graves de los derechos humanos continuarán siendo toleradas.

Ante este doble rasero, las organizaciones de masas, los sindicatos y las campañas contra los desalojos deberían hacer uso de los instrumentos que protegen el derecho a la vivienda, incluyendo las dos poderosas resoluciones arriba descritas. Los abogados progresistas de los países relevantes tienen ante sí la importante misión de ampararse en estas resoluciones, junto con otros artículos relevantes de las Constituciones nacionales, para elaborar argumentos legales y establecer precedentes jurídicos que impidan los desalojos forzosos. La tarea más urgente, habida cuenta de que los gobiernos no darán difusión a estas resoluciones, consiste en ponerlas en conocimiento de las autoridades y los funcionarios en todos los niveles gubernamentales. Los medios de comunicación, que ofrecieron una información sólo superficial de este paso histórico en la ONU, pueden desempeñar una valiosa función en este sentido, tanto a escala local como a escala internacional (20).

Junto con el continuo compromiso, como hemos descrito, del Comité de Derechos Económicos, Sociales y Culturales, el Secretario General de las Naciones Unidas ha elaborado un informe analítico de los desalojos forzosos basado en un análisis del derecho y la jurisprudencia internacional, así como en las respuestas facilitadas por gobiernos, organismos relevantes de la ONU, ONG y organizaciones comunitarias. El informe contiene poderosas recomendaciones al sistema de las Naciones Unidas y a los gobiernos de todo el mundo, y urge a la Comisión de Derechos Humanos a estudiar la designación de un Informador Especial de las Naciones Unidas sobre los desalojos forzosos (21).

Es vital que todas las personas preocupadas e interesadas colaboren con la labor en curso de las Naciones Unidas, y en particular con estrategias destinadas a poner freno a los desalojos. Ello estaría en plena sincronía con el hecho de que estos recientes acontecimientos forman parte de una nueva conciencia que ha ido calando en la actividad de las Naciones Unidas, principalmente bajo la influencia de ONG preocupadas por estas cuestiones, que han sabido aprovechar los espacios disponibles en el sistema de la ONU en beneficio de las causas que defienden. Las ONG que trabajan en el terreno de los derechos civiles y políticos, empero, aún tienen que tomar una iniciativa importante. Entre las prioridades de estos grupos, a escala local, nacional e internacional, deben figurar cuestiones como los desalojos forzosos. La indivisibilidad de los derechos humanos —aceptada en todo momento por las personas y los grupos que luchan por la justicia, y subrayada en la Conferencia Mundial sobre Derechos Humanos de Viena— debe traducirse en acción, y las barreras conceptuales deben ser derribadas. Es preciso mantener la presión sobre los gobiernos de todo el mundo para que la censurable e ilegal práctica de los desalojos forzosos y las fuerzas que los secundan salgan a la luz y desaparezcan por completo.

Notas

1 Principalmente la labor de la Comisión de Derechos Humanos, la Subcomisión para la Prevención de la Discriminación y Protección de las Minorías, el Comité de Derechos Económicos, Sociales y Culturales, el Comité para la Eliminación de la Discriminación Racial y el Comité de Derechos de la Infancia.
2 Véase Naciones Unidas, doc. nº E/CN.4/Sub.2/1991/17 (Segundo Informe de Avance preparado por Danilo Turk,

Informador Especial para la Realización de los Derechos Económicos, Sociales y Culturales), pp. 18-19. Las recomendaciones finales del señor Turk, presentadas en 1992, reclamaban la designación de un Informador Especial de las Naciones Unidas para asuntos de Vivienda, Distribución de la Renta y Transferencias de la Población. Como resultado, en parte, de esto, tales designaciones van produciéndose gradualmente.

3   Véase Naciones Unidas, doc: E/CN.4/Sub.2/1992/15 (Documento preparado por el Juez Rajindar Sachar sobre la Realización del Derecho a una Vivienda Digna).

4   Véase Primer Informe de Avance sobre el Derecho a una Vivienda Digna, preparado por el Informador Especial de las Naciones Unidas para el Derecho a una Vivienda Digna, agosto de 1993, Naciones Unidas, doc: E/CN.4/Sub.2/1993/15.

5   A fecha de abril de 1993, el Pacto de Derechos Económicos, Sociales y Culturales ha sido ratificado por 128 países.

6   Véase "Comentario General n° 4 sobre el Derecho a una Vivienda Digna (Artículo 11 (1) del Pacto para los Derechos Económicos, Sociales y Culturales)", adoptado por el Comité para los Derechos Económicos, Sociales y Culturales el 12 de diciembre de 1991 en su sexta sesión, Naciones Unidas, doc: E/C.12/1991/4.

7   Véase en particular la línea de razonamiento desarrollada por el Comité para los Derechos Económicos, Sociales y Culturales de las Naciones Unidas, doc: E/C.12/1992/CRP.2/Ad.3.

8   Para un borrador generado por las ONG sobre un Protocolo Facultativo y para una discusión sobre la relevancia de tal instrumento, véase el informe dirigido a la Conferencia Mundial de las Naciones Unidas sobre Derechos Humanos, junio 1993, por la Food First International Network (FIAN) y Habitat International Coalition (HIC), "Con respecto a un Protocolo Opcional para el Pacto sobre Derechos Económicos, Sociales y Culturales", HIC, Ciudad de México, 1993.

9   Véase la resolución titulada "Desalojos Forzosos" (1993/77), adoptada unánimemente por la Comisión de Derechos Humanos de las Naciones Unidas el 10 de marzo de 1993.

10   Véase *A Global Survey of Forced Evictions: Violations of Human Rights*, (1994, 1993, 1992b 1992 a, 1991, 1990), Habitat International Coalition, México, y Centro para los Desalojos y el Derecho a la Vivienda; véanse también los informes sobre diversos aspectos de los desalojos forzosos y el derecho a la vivienda elaborados por Habitat International Coalition y dirigidos a: (a) Comisión de Derechos Humanos de la ONU (1988-1994); (b) Subcomisión para la Prevención de la Discriminación y la Protección de las Minorías (1989-1993); y (c) Comité de Derechos Económicos Sociales y Culturales de la ONU (1988-1993).

11   Véase, por ejemplo, Walter Fernandes y Enakshi Thukral: *Development, Displacement and Rehabilitation: Issues for a National Debate,* Indian Social Institute, Nueva Delhi, 1989.

12   Para una discusión de cómo las políticas de ajuste estructural pueden contribuir al aumento de los desplazamientos, véase National Campaign for Housing Rights: *Sapping India-Sapping the Indian People: The Impact of the IMF Structural Adjustment Package on Housing and Living Conditions in India*, NCHR, Bombay, 1992; véase también Miloon Kothari y Ashish Kothari (1993): "Structural adjustment vs. environment", *Economic and Political Weekly*, Vol. XXVIII. n° 11, marzo, Bombay.

13   Véase la resolución titulada "Desalojos Forzosos" (1991/12), adoptada unánimemente por la Subcomisión para la Prevención de la Discriminación y la Protección de las Minorías de las Naciones Unidas, 26 de agosto de 1991. Para un análisis de esta resolución véase Miloon Kothari y Scott Leckie (1992): "United Nations condemns forced evictions", *Third World Resurgence*, n° 17, pp. 43-45.

14   Op. cit., n° 6, Naciones Unidas, doc: E/C.12/1990B (p. 64, República Dominicana) y E/C. 12/1991/4 (p. 32, Panamá), Informes de la Quinta y Sexta Sesión del Comité de Derechos Económicos, Sociales y Culturales.

16   Para más ejemplos sobre el tipo de documentación que condujo a estos pronunciamientos, véase op.cit. n° 10 (c); Habitat International Coalition (HIC) y CODEHUCA (1992): *Report on the Verification Visit of the Habitational Situation in Panama*, HIC,

noviembre 1992, Ciudad de México y Habitat International Coalition.

17 Para el tipo de documentación que ha impulsado al Comité a emprender acciones en contra de determinados países, véase Centre on Housing Rights and Evictions: *"Prima Facie violations of the Covenant on Economic, Social and Cultural Rights by the government of Philippines"* (noviembre de 1993); Urban Poor Associates, Saligan, *et al.*: *A Report to the United Nations Committee on Economic, Social and Cultural Rights on Housing Rights Abuses in the Republic of the Philippines 1986-1994*, Manila (abril de 1994); y Ciudad Alternativa: *Informe al Comité de Derechos Económicos, Sociales y Culturales de la ONU sobre la situación de los desalojos en República Dominicana*, Santo Domingo (mayo de 1994).

18 Para una recopilación de los diversos instrumentos que han contribuido a poner freno a los desalojos en diferentes países, véase Centre on Housing Rights and Evictions (COHRE) (1993): *Forced Evictions and Human Rights: A Manual for Action*, COHRE, Utrecht, junio.

19 Para una descripción de cómo puede utilizarse el sistema de las Naciones Unidas, véase Miloon Kothari: "Tijuca Lagoon; evictions and human rights in Rio de Janeiro", *Environment and Urbanisation*, vol. 6, n° 1, abril de 1994, International Institute of Environment and Development (IIED), Londres.

20 Para una lista de opciones al alcance de los grupos locales e internacionales destinada a movilizar a diferentes sectores de la sociedad y la comunidad internacional, véase op.cit. n°. 17, Capítulo 4.

21 Véase Secretaría General de las Naciones Unidas, *Desalojos Forzosos: Informe Analítico Recopilado por la Secretaría General sometido a examen de la Comisión de Derechos Humanos, Resolución 1993/77* (10 de marzo, 1993) Naciones Unidas, doc: E/CN.4/1994/20. Para una discusión sobre la relevancia de la designación de un Informador Especial de las Naciones Unidas para los Desalojos Forzosos, véase op. cit. n° 18, Capítulo 9.

El autor

Miloon Kothari es un activista pro derechos humanos dedicado, desde 1987, a la investigación, la defensa y el trabajo de promoción de redes sobre cuestiones relacionadas con el derecho a la vivienda y los desalojos forzosos. Desde 1991 representa a Habitat International Coalition (HIC, Ciudad de México) en los organismos de Derechos Humanos de las Naciones Unidas en Ginebra. En la actualidad es el representante del Subcomité para el Derecho a la Vivienda del HIC, responsable de la Campaña Global sobre el Derecho a la Vivienda del HIC y de su Campaña Global contra los Desalojos Forzosos. Es miembro fundador y co-director del Centre on Housing Rights and Evictions (COHRE), un grupo de Utrecht que defiende los derechos económicos, sociales y culturales. Trabaja en estrecha colaboración con grupos comunitarios y participa en campañas en defensa del derecho a la vivienda y contra los desalojos forzosos en India, Palestina, Israel, Brasil y Turquía, para promocionar la defensa del derecho a la vivienda y aplicar el derecho internacional de los derechos humanos a escala local y nacional.

Este artículo se publicó originalmente en *Development in Practice* volumen 5, número 1 (1995).

Asistencia a supervivientes de la atrocidad y la guerra

Notas sobre cuestiones "psicosociales" para trabajadores de ONG

Derek Summerfield

Introducción

Lo que se ha dado en llamar dimensión "psicosocial" del impacto de la guerra y la violencia organizada viene suscitando un creciente interés en el campo del desarrollo y en organismos como la Organización Mundial de la Salud (OMS) y el Alto Comisionado de las Naciones Unidas para los Refugiados (ACNUR). Esto ofrece algunas posibilidades positivas, pero el peligro es que en diversos escenarios de todo el mundo se imponga una visión estrecha, "medicalizada" y "psicologizada" al respecto.

Como esta cuestión se ha puesto de moda, se está atrayendo financiación hacia propuestas que muestran fallos importantes. ¿Cuáles son las cuestiones para los organismos cuyo objetivo es, primero y ante todo, lograr una comprensión lo más completa posible de las experiencias de las personas afectadas por la guerra y de los factores que determinan sus respuestas a lo largo del tiempo, incluida la decisión de recabar ayuda? ¿Pueden esas ONG enriquecer las relaciones que forjan con aquellos a los que tratan de ayudar, y llegar a destacar nuevas posibilidades para intervenciones bien fundamentadas?

Las siguientes notas no pretenden ser prescriptivas, sino esbozar un marco que sirva de guía a los trabajadores que se enfrentan a cualquier contexto afectado por la guerra. Los planteamientos y las soluciones reales deben adaptarse a las condiciones locales.

1. Hay una serie de temas que están presentes en la mayoría de los conflictos modernos. La violencia se ejerce en el mismo lugar donde la gente vive y trabaja; apenas existe distinción entre los combatientes y el resto de la población; y más del 90% de las bajas son civiles. En muchos casos se recurre sistemáticamente a una brutalidad ejemplarizante para generar un terror que sirve como medio de control del conjunto de la población. Los secuestros, las ejecuciones extrajudiciales y la tortura son con frecuencia públicos y presenciados por las familias de las víctimas. La violación sexual es un elemento habitual, del que no se informa lo suficiente: las mujeres están expuestas a este tipo de abusos en las cárceles, en sus casas en zonas de conflicto, durante la huida y en los campos de refugiados. En veinte conflictos violentos durante el decenio de 1980, los niños no fueron meros espectadores pasivos, sino que también desempeñaron papeles activos, incluido el de portar armas, ya fuera con carácter voluntario o mediante coacción. Prácticamente en todos los casos se producen daños, con frecuencia deliberados, en las instituciones sociales, económicas y culturales y en las formas de vida. Esto puede alterar la manera en que un pueblo en particular conecta con su historia, su identidad y sus valores vitales, todo lo cual define su mundo. Se elige a menudo como blanco a personas destacadas y respetadas, como líderes comunitarios, trabajadores de la salud, sacerdotes o personas cultas. No se respeta la neutralidad de las instalaciones médicas.

El efecto acumulativo puede significar que un gran número de civiles queden prácticamente en la indigencia, tanto si son desplazados de sus comunidades como si no lo son. El conflicto moderno es con frecuencia crónico y fluctuante, con hostilidades que varían en cuanto a su intensidad y localización. La gente se siente asediada y amenazada, aun cuando su localidad en particular esté en calma. Guardar silencio sobre lo que han soportado o visto puede ser importante para su supervivencia. En muchas partes del mundo, la tensión social y la guerra no son extraordinarias ni "anormales"; sus efectos son tan crónicos que han llegado a incorporarse a la vida económica y social; distintos grupos, afectados de diferentes formas, responden y se adaptan a la situación por medios diversos y cambiantes.

2. Los supervivientes sufren múltiples lesiones, no sólo en su vida y sus miembros, sino también en el tejido social de sus comunidades, que pueden no ser capaces ya de desempeñar su tradicional papel de protección y de resolución de problemas. Estarán aterrados, apenados, no sólo por lo que les ha sucedido a seres humanos concretos, sino también a su comunidad, sociedad y cultura. La mayoría registrará las heridas de guerra en términos sociales más que psicológicos. Los refugiados deben enfrentarse también a las inseguridades y penalidades de su nueva situación, incluido (para algunos) el abismo cultural que se abre entre ellos y la sociedad que los acoge.

3. Fundamental para el procesamiento humano de una experiencia atroz es el significado subjetivo que ésta tenga o llegue a tener para los afectados, así como las interpretaciones y los atributos a las que recurran en la lucha por abarcar lo sucedido. Estas interpretaciones, y las adaptaciones que se deriven de ellas, se extraen de la sociedad, de su historia y su política. Es probable que las personas que no han podido generar una interpretación de lo sucedido, y aquellas a las que los acontecimientos les resultan incomprensibles, sean las que se sientan más indefensas y las más inseguras en cuanto a qué deben hacer.
La tendencia a buscar ayuda vendrá determinada por los antecedentes, la cultura y las normas sociales. Las comunidades afectadas por la guerra son heterogéneas, y no habrá una reacción normalizada y única ante los acontecimientos. Las personas afectadas no son víctimas "puras", e incluso las más indigentes continúan haciendo interpretaciones y opciones activas. Son víctimas, pero también son supervivientes. Es importante conocer hasta donde sea posible cómo funcionaba esa sociedad concreta en el pasado.

4. La interpretación que la gente hace de su difícil situación y las prioridades que enuncia no son estáticas; pueden modificarse con el tiempo, con el cambio de la situación bélica y con la adaptación y reorganización de la gente.

5. Las intervenciones de apoyo para personas afectadas por la guerra deben basarse idealmente en la comprensión exacta y completa de la complejidad de lo ocurrido. Naturalmente, este proceso comienza con la evaluación de la escala y naturaleza de los daños materiales y el trastorno causados por la guerra. Pero la experiencia de la gente sobre el terreno también conlleva elementos subjetivos, menos materiales. La guerra provoca estados de sentimiento y de pensamiento que para las personas afectadas no son necesariamente menos "reales" como reflejo de lo sucedido que, por ejemplo, el número total de muertos y heridos. Para ellas, esto forma parte de la historia de la guerra y está destinado a formar parte de la memoria colectiva. Estos factores influirán en lo que los supervivientes dicen y hacen, y en lo que desean, y por tanto determinarán los resultados a corto plazo y, posiblemente, a más largo plazo para los individuos y para su sociedad.

6. Los trabajadores de las ONG deben ser conscientes de estas cuestiones, y prestar atención a las formas en las que pueden manifestarse en un escenario determinado, si desean profundizar en sus conocimientos generales y su capacidad para lograr una empatía adecuada con las personas a las que tratan de ayudar. Esto puede generar nuevas posibilidades de intervención creativa y proporcionar más criterios para elegir entre los proyectos propuestos. Puede reducir al mínimo los malentendidos, hacer que los supervivientes se sientan más comprendidos, y mejorar por tanto la relación entre la ONG y el grupo "cliente", tanto si el proyecto tiene que ver con ayuda de emergencia, con agricultura, con educación o con cualquier otra cosa. Así pues, estamos hablando de un *enfoque,* de la manera en que los trabajadores de las ONG conectan con personas afectadas por la guerra, y no sólo de proyectos definidos.

La eficacia de la evaluación de los proyectos estará muy influida asimismo por la calidad que adquiera esta relación con el tiempo.

7. Los trabajadores de ONG deben reflexionar primero sobre sus propios supuestos relativos a la repercusión personal de la guerra, la atrocidad, la tortura, etc. ¿Piensan, por ejemplo, que es probable que una persona que haya sido torturada esté psicológicamente trastornada o dañada, si no abiertamente, sí bajo la superficie? Los conceptos psicológicos forman parte de la cultura y el pensamiento occidentales y no son, por tanto, absolutos ni universales, aunque se están globalizando de manera creciente. El concepto de "trauma", y la presunta necesidad de tratamiento psicológico, está de moda en Occidente, y existe el peligro de aplicarlo de manera poco apropiada a escenarios bélicos de todo el mundo. Cada cultura tiene sus propias interpretaciones de los acontecimientos traumáticos y sus recetas para la recuperación. Las intervenciones destinadas a aliviar la angustia psicológica de las personas afectadas por la guerra pueden ser simplistas y pasar por alto la cultura local, y corren el peligro de ser percibidas como insensibles o impuestas. Los trabajadores locales pueden sentirse asimismo desautorizados por los conceptos importados y los "expertos" que los llevan a la práctica.

8. Las guerras causan angustia o sufrimiento, y esto es por supuesto comprensible y "normal". No deberíamos interpretar y recatalogar generalmente este hecho como trauma psicológico, con el significado de herida mental, análoga a una herida física, que necesita tratamiento o "terapia". Ya se está incurriendo en este error elemental, con el riesgo de que se distorsione el debate más amplio sobre los efectos de la guerra y las prioridades respecto a los recursos para afrontarlos. Sólo una pequeña minoría desarrolla un problema psicológico que —si los medios materiales lo permiten— merece ayuda profesional. Las expresiones de angustia, aun cuando sean enérgicas, no implican generalmente debilidad o daños psicológicos, ni proximidad de la crisis nerviosa. Los supervivientes no desean ser psicologizados ni que se les atribuya ninguna clase de identidad de "enfermo". Los pocos que desarrollan trastornos psicológicos objetivos se manifiestan generalmente por su incapacidad para funcionar adecuadamente en su situación. Por esta razón su familia o comunidad tienden a identificarlos por sí solas. No son estos pocos sino la mayoría, y los procesos que pueden sostenerla, los que constituirán el centro de las intervenciones del terreno de las ONG.

9. Las narraciones de los supervivientes pueden ofrecer una ilustración gráfica de sus experiencias, de lo que significan para ellos, y de los procesos que les llevan a soportarlas. Algunos pueden tratar de contar sus historias a otros, incluidos los trabajadores de las ONG, para conseguir consuelo y solidaridad humanos. Sin embargo, no debemos dar por supuesto que esto es lo que los supervivientes *deberían* hacer si desean estar mejor; algunas culturas no prescriben esto, e incluso en Occidente las necesidades individuales varían.

10. Lo que es fundamental es que el sufrimiento es una experiencia social y no privada. Lo que provoca este sufrimiento en las personas afectadas por la guerra se manifiesta en público. Se esfuerzan por aceptar sus pérdidas —que a veces parecen equivaler a todo su mundo—, enlazando con su situación en lo que se espera que sea una forma de resolver los problemas.

11. La provisión de los elementos esenciales para la vida diaria, y las cuestiones de seguridad física, son obviamente lo primero. Mas allá de esto, el principal impulso de las intervenciones de las ONG se dirigirá hacia el mundo social de las poblaciones supervivientes, pues en ellas se encuentran las fuentes de la resistencia y de la capacidad de una recuperación para todos. Así pues, la agenda "psicosocial" es básicamente social. Debido a su asociación con el campo de la salud mental, podría ser mejor abandonar el término "psicosocial" en favor de otro que indique que la tarea básica es hacer frente a las heridas sociales y colectivas de la guerra. *Las intervenciones no deberán utilizar un modelo de ayuda y socorros (mentales), que se ocupe de la psicología, sino un modelo de desarrollo social, que se ocupe del sufrimiento.*

12. La mayoría de la gente soporta la guerra y se recupera de ella en función de hasta qué punto puedan, primero, recuperar cierto grado de dignidad, control y autonomía sobre su entorno inmediato. Intentarán reorganizar hasta donde se pueda su familia y otras redes, tan a menudo hechas añicos en los conflictos modernos. Todo aquello que pueda generar una sensación de solidaridad o comunidad, y que potencie la viabilidad de las organizaciones y estructuras locales, será de utilidad. Una formación y una acción significativa pueden ser uno de los objetivos de los esfuerzos de las ONG. Esa acción permitirá que la gente se sienta de nuevo útil y efectiva, y que quizás genere ingresos o elementos esenciales para la subsistencia. La mayoría de la gente prefiere ser ciudadanos activos que meros receptores de ayuda. El involucramiento en proyectos puede ayudar a la gente a sostener sus debilitadas relaciones sociales, o a desarrollar otras nuevas. En parte, con esa implicación se pueden realizar algunas de las funciones que la sociedad solía desempeñar en tiempo de paz: ayudar a la gente a generar el significado social de los acontecimientos, a reconocer, contener y manejar el dolor y su vertiente social, el duelo; a estimular y organizar formas activas para hacer frente a la situación y resolver los problemas, individuales y colectivos, frente a la continuación de la adversidad.

Y cuando a su debido tiempo tengan la oportunidad, la gente intentará llevar a cabo una reconstrucción sustancial del tejido social dañado, incluidas las formas y las instituciones económicas y culturales que le dan sentido. Generalmente, el restablecimiento de los servicios sanitarios y escolares son prioridades elevadas en todas las culturas. Sin embargo, no necesariamente se pretenderá que aquello que se valoraba vuelva simplemente a su situación anterior a la guerra, ya que se reconocerá que algunas cosas pueden haber cambiado para siempre.

13. Los trabajadores de las ONG pueden representar una fuente de apoyo emocional para las personas afectadas por la guerra; pero esto no es, y no tiene por que ser, "terapia" ni "orientación psicoterapéutica", que implique una actividad profesional con su correspondiente tecnología. No obstante, en algunas situaciones los trabajadores pueden sentirse habilitados para aportar alguna orientación básica y contextualizada sobre cuestiones de salud mental, ya sea mediante el contacto con profesionales locales o a partir de material escrito. Un ejemplo de la segunda opción son los sucintos manuales del Save the Children Fund sobre asistencia a niños en circunstancias difíciles, especialmente en zonas de guerra.

14. Los campos de refugiados que insisten en el confinamiento y el control, que proporcionan a los residentes una protección insuficiente contra nuevos actos de violencia y abusos —a menudo cometidos desde dentro del propio campo—, o que no los involucran en la toma de decisiones, infringen obviamente los principios básicos que se han expuesto más arriba. En algunas situaciones, las ONG también deben tener en cuenta la población local a la que llegan los refugiados en busca de reposo. Una buena relación de trabajo entre dicha población y los refugiados puede ayudar a ambas partes.

15. Gran parte de los conflictos modernos en todo el mundo tiene carácter endémico, por lo que los afectados no han pasado siquiera a la fase dominada por las secuelas del conflicto, y deben mantener algún tipo de respuesta para el manejo de la crisis. Las ONG deben apoyar las estructuras que ayuden a esas personas a resistir y seguir adelante. El adecuado recuento de los costes y la "recuperación" deben ser pospuestos.

16. Hay algunas prescripciones que pueden trasladarse de un contexto a otro: las soluciones deben ser locales, capitalizando la resistencia, las aptitudes y las prioridades de los supervivientes. Las personas afectadas por la guerra están a menudo en situaciones inciertas o en evolución. Con el tiempo, sus percepciones y prioridades pueden cambiar, por lo que su relación con una ONG debe ser capaz de adaptarse a este hecho. ¿Será capaz la ONG de detectar esos cambios y de responder a ellos, de sumarlo a su exploración de lo que es posible con el tiempo, sin sacrificar la claridad y la planificación racional?

17. Aunque muchas de las experiencias que trae la guerra son compartidas por hombres jóvenes, mujeres jóvenes y madres, niños y ancianos por igual, en algunas circunstancias también podremos definir efectos diferenciales. Por ejemplo, debería reconocerse el papel clave de las mujeres, tanto en relación con su mayor vulnerabilidad —en particular a la violencia sexual y de otra índole— y sus responsabilidades como mantenedoras y protectoras de los niños. A menudo constituyen la mayoría de los refugiados adultos. Es necesario tomarse tiempo para establecer las necesidades expresas de las mujeres, tanto para ellas mismas como respecto a las personas de cuyo cuidado se ocupan.

Las mujeres pueden ser el centro de proyectos que generen beneficios que se extiendan el conjunto de la comunidad. El bienestar físico y emocional de los niños en la guerra depende en gran medida de la capacidad de sus principales cuidadoras para hacer frente a la situación. Cuando esto falla, su morbilidad y mortalidad aumentan rápidamente. Los niños huérfanos y los que se encuentran desprotegidos por otras causas constituyen un grupo de alta prioridad y necesitan urgentemente, si es posible, restablecer los lazos con miembros de la familia supervivientes o con otras personas de su comunidad original. Todos los niños necesitan el máximo de normalidad y de estructura cotidiana que se les pueda ofrecer, dentro del hogar y fuera de él; por ejemplo, mediante el restablecimiento de algún tipo de actividad escolar. Las personas que tengan discapacidad física (con frecuencia provocada por la guerra) representan otro grupo que puede tener problemas específicos.

18. Cuando discutimos sobre "poblaciones meta" (*targeting*), también deberíamos señalar que ha habido proyectos que se han centrado exclusivamente en un hecho concreto, como "la violación", o en un grupo concreto, como los "niños traumatizados", imponiendo así una visión simplista y descontextualizada de las experiencias de los supervivientes.

19. Algunos supervivientes son conscientes de que sus experiencias equivalen a un testimonio que puede tener una significación política y jurídica más amplia, y que son parte de la historia de la guerra y del recuento de sus costes. Puede decirse, con carácter universal, que las víctimas sufren más al cabo del tiempo cuando se le niega reconocimiento oficial o reparación por lo que se les ha hecho. Las ONG podrían estudiar la posibilidad de recopilar, publicar y difundir sus testimonios. Se trata de pruebas que podrán presentarse ante los tribunales de guerra y otros foros.

20. Resumiendo, es fundamental reconocer que el tejido social es un objetivo clave de la guerra moderna, y que en su situación de deterioro continúa siendo el contexto en el que numerosas personas deben sobrellevar y afrontar la angustia de unas vidas quebrantadas. Una tarea básica es ayudarlas a mantener cierto "espacio" social dentro del cual puedan promover sus capacidades colectivas para la resistencia y para una supervivencia creativa.

Desde el campo de las ONG se deberían evitar enfoques occidentales que presuponen la incidencia de traumas mentales y tienden a adoptar una visión simplista de las experiencias, complejas y en evolución, de las poblaciones afectadas por la guerra. Con mucha frecuencia, tales enfoques pasan por alto la manera en que las experiencias de la gente está determinadas por sus normas básicas y por su actual comprensión de los hechos; y con mucha frecuencia tales enfoques asignan a la gente el mero papel de cliente o paciente. Frente a esto, se debería adoptar como marco básico el modelo del desarrollo social, un modelo que ya se ha comprendido bien desde el campo de las ONG. Los proyectos reales deberían adaptarse a las condiciones locales, ser sensibles con la situación concreta, susceptibles de adaptarse al cambio de circunstancias y capaces de arraigar y, por tanto, de ser autosuficientes.

El autor

Derek Summerfield es doctor en medicina y ha vivido en persona la experiencia de la guerra en América Central, en África Austral y en Londres, en este último caso a través de refugiados políticos con historial de tortura. Desde 1990 ha sido asesor de Oxfam (Reino Unido e Irlanda). En la actualidad es director de psiquiatría de la Fundación Médica para la Atención de las Víctimas de la Tortura (Londres), y es investigador asociado del Programa de Estudios sobre Refugiados, Queen Elizabeth House, Oxford.

Este artículo fue publicado por primera vez en *Development in Practice*, volumen 5, número 4 (1995).

Apoyar la educación en emergencias:
un estudio de caso del sur de Sudán

Alison Joyner

Emergencias permanentes y posibilidades de desarrollo

Las "emergencias" —la guerra, la hambruna y los desastres naturales— dan lugar a necesidades básicas acuciantes. Techo, agua, alimentos e instalaciones higiénicas y sanitarias son las prioridades habituales, especialmente cuando se producen movimientos de población a gran escala. La inseguridad, las tensiones políticas y el miedo suelen agravar unas condiciones físicas de por sí difíciles.

¿Hay tiempo para analizar la importancia de la educación en tales situaciones? La respuesta debería ser, inequívocamente, "sí". La educación debería ser una parte esencial de las operaciones de socorro en situaciones de emergencia. En la práctica, sin embargo, las necesidades educativas en las emergencias quedan relegadas ante las exigencias de un socorro más convencional.

Un ejemplo que viene del sur de Sudán muestra cómo se pueden abordar las necesidades educativas en una situación de emergencia. Las iniciativas autóctonas destinadas a restablecer y mejorar los servicios educativos recibieron el apoyo de un grupo de organizaciones que trabajaban en el marco de la operación de emergencia. Un sistema flexible de educación del profesorado constituye el centro de un programa que invierte en las personas, en vez de hacerlo en edificios. El programa subraya la importancia crucial de la participación de las comunidades locales, de quienes depende el éxito de la educación en las escuelas rurales de enseñanza primaria.

La mayor parte de las operaciones de socorro se realizan hoy en zonas de conflicto. Entre éstas figuran, junto con Sudán, Ruanda, Bosnia, Angola, Liberia, Somalia y otras. Estas "emergencias complejas" comienzan a ser una realidad permanente, y no una interrupción temporal de un proceso de desarrollo que pronto se verá restablecido (1).

El "desarrollo", en su sentido de cambio a largo plazo, se ve afectado de manera irrevocable por este tipo de emergencias. La violencia y la inseguridad llegan a ser parte de la vida cotidiana. La gente se ve obligada a trasladarse, en ocasiones más de una vez, para escapar del conflicto. Alguna forma de "normalidad" se restablece en ese contexto traumático.

La sociedad afectada prosigue su desarrollo a través de la crisis. De este modo, la propia crisis puede crear oportunidades además de problemas. La manera de abordar la emergencia debe tener presente sus consecuencias de largo plazo. La educación es un aspecto crítico en este enfoque.

El caso del sur de Sudán

La "emergencia" en el sur de Sudán comenzó en 1983. La guerra civil —entre el norte, mayoritariamente musulmán y árabe, y el sur cristiano/animista y africano— ha destruido los escasos servicios sociales y las infraestructuras que existían anteriorment. Cientos de miles de personas han tenido que abandonar sus hogares. Las estructuras familiares y sociales se han visto gravemente alteradas.

La falta de instalaciones educativas tiene graves consecuencias para las operaciones de socorro. Resulta cada vez más difícil, por ejemplo, encontrar personas con suficiente educación escolar como para ser formadas como trabajadores sanitarios. Esta situación tiene graves consecuencias —ahora y en el futuro— mientras la guerra sigue su curso.

En 1988 comenzaron a establecerse de nuevo escuelas en las zonas controladas por el SPLA

(Ejército de Liberación del Pueblo Sudanés) en el sur de Sudán. Se crearon numerosas escuelas en zonas rurales, donde anteriormente jamás había habido una escuela. Fue un avance positivo impulsado por la emergencia. Las escuelas son gestionadas y financiadas por las comunidades locales bajo la supervisión de los servicios de socorro de las dos facciones del SPLA: la SRRA (Asociación para el Socorro y la Reconstrucción de Sudán) y la RASS (Asociación para el Socorro del Sur de Sudán). Se estima que unas 900 escuelas funcionan actualmente en estas zonas.

A los profesores de estas escuelas no se les paga. Algunos, los menos, poseen experiencia y una buena cualificación. La mayoría no cuentan sino con unos años de escolarización y carecen de formación docente. Muchas escuelas funcionan bajo los árboles. Las escuelas se construyen por lo general con los materiales disponibles localmente. Existen algunas estructuras permanentes dejadas por el gobierno anterior y las aportaciones de las ONG, pero se encuentran en ruinas y no hay medios para reconstruirlas. Casi no hay libros de texto y el material escolar básico es inadecuado.

Las niñas son minoría en las escuelas. Se estima que sólo entre el 1% y el 10% de los escolares son niñas. Hay factores culturales que obstaculizan seriamente un cambio rápido en esta situación.

Apoyo para las estructuras existentes

Hasta 1993 el apoyo que se ofrecía a las escuelas en determinadas zonas era limitado. Ciertas ONG y el UNICEF proporcionaban los materiales y un poco de formación. Al ser una operación de "socorro de emergencia", la Operación "Lifeline Sudan" (OLS, constituida por diversas organizaciones que operaban en Sudán bajo la cobertura de Naciones Unidas), tardó mucho tiempo en reconocer la importancia de la educación dentro de su esfera de actividad.

El Comité para la Coordinación de la Educación (ECC) de la OLS (sector sur) se constituyó en febrero de 1993. Está integrado por representantes de la RASS, la SRRA y diversas ONG, además de algunas iglesias dedicadas a labores educativas y el UNICEF.

El ECC se propone consolidar la educación en todas las zonas del sur de Sudán controladas por el SPLA y financiar las estructuras educativas ya existentes auspiciadas por la RASS y la SRRA. Su éxito reside en la voluntad de cooperación de todas las partes implicadas para mejorar la calidad de la educación de los niños en el sur de Sudán.

Establecimiento de prioridades

El ECC ofrece un foro para la discusión entre los responsables locales del sistema existente —representado por la SRRA y la RASS— y cuantos deseen apoyarlos. El proyecto se ha ido encauzando poco a poco, perfilando las prioridades e identificando la educación del profesorado como actividad esencial, basada en los siguientes principios fundamentales:

• El profesorado necesita mejorar su nivel educativo, además de su formación profesional. Esto se recoge expresamente en el concepto de *educación del profesorado*, y no sólo *formación del profesorado*.

• Mejorar la educación y la formación es invertir en personas capaces de sobrevivir a la destrucción física. Los maestros formados en programas anteriores reaparecen de nuevo, en ocasiones a cientos de kilómetros del lugar en el que recibieron su formación.

• Para mejorar la calidad de la educación en la escuela es esencial contar con un profesorado competente.

• Los maestros son miembros respetados de la comunidad. El concienciarles sobre la importancia de cuestiones como la salud, la educación de las niñas y las necesidades psico sociales es un primer paso decisivo para un desarrollo a largo plazo acorde al acultura de estas áreas.

Cursos de capacitación del profesorado

Mejorar la formación del profesorado en el contexto de la guerra, así como fomentar su flexibilidad y su movilidad son aspectos vitales. Cuando la inestabilidad se apodera de una zona, la población se ve obligada a desplazarse, y las organizaciones se retiran. Los recursos también deben ser móviles.

Materiales para la formación

El ECC desarrolla un proyecto para la educación del profesorado por módulos, que consta de cinco niveles. Cada uno de estos niveles exige la realización de un curso de capacitación de dos a tres semanas de duración realizado dentro de Sudán, que incluye en su programa temas académicos y profesionales.

Se están redactando materiales para la educación a distancia por parte de educadores que o bien son del sur de Sudán o bien cuentan con amplia experiencia en la región. Los materiales se han concebido para su uso continuado como textos de referencia, tras un contacto intensivo, aunque limitado, con los tutores de los cursos de capacitación.

Asimismo, se facilitan libros de texto, escritos en inglés y en las lenguas vernáculas, para reforzar los cursos de educación del profesorado (2) y se proporciona a los participantes la información necesaria para el uso de los libros como parte de los módulos.

Capacitación de formadores
El objetivo a largo plazo es formar un número suficiente de formadores sudaneses, con el fin de impartir los cursos sin recurrir a personal expatriado. Esto puede llevar algún tiempo, dado que el número de maestros capacitados para trabajar como formadores es en la actualidad muy reducido. Entretanto, el personal de las ONG es imparte los cursos, con apoyo de profesores de Kenia y Uganda.

Algunas ONG internacionales cuentan con personal del sur de Sudán. Estas personas desempeñan una función vital como vínculo con la población local, y ayudan a evaluar la adecuación de los cursos y su rumbo futuro.

Antes de comenzar los primeros cursos, el CEE auspició la celebración de un taller para presentar los materiales de los cursos y los libros de texto ante 60 profesores y coordinadores educativos muy experimentados. Estas personas colaboran hoy activamente en el desarrollo de los cursos de capacitación en sus respectivas zonas. Asimismo son responsables de ayudar y asesorar a los maestros que asisten a los cursos cuando regresan a sus escuelas (3).

La importancia psico-social de las escuelas en las zonas de guerra
Las escuelas tienen una importancia considerable en las zonas de guerra, especialmente entre la población desplazada. Son un símbolo del retorno de cierta forma de rutina reconocible. A menudo figuran entre las estructuras comunitarias cuyo restablecimiento es prioritario durante o después de las conmociones provocadas por la guerra.

Las necesidades psico sociales han sido objeto de creciente atención en los últimos años. Las escuelas son el foro ideal para llegar, por medio de los maestros, a los adultos y a los niños afectados por la guerra. Los cursos de educación del profesorado incluyen un módulo de discusión para aumentar la conciencia de los maestros acerca de las necesidades psicosociales. En ciertas zonas ya se ha puesto en marcha un programa de formación del profesorado más avanzado, y está previsto ampliar esta iniciativa.

Apoyo comunitario a las escuelas

La clave para el apoyo de las escuelas reside en las comunidades locales. Las escuelas eran inicialmente entidades locales, gestionadas por personas que ofrecían voluntariamente su tiempo a cambio de cualquier pago en especie que la comunidad tuviese a bien ofrecerles a cambio (por lo general nada). Los edificios escolares son construidos por los habitantes del lugar. Los Consejos de Padres y Profesores, junto con los mayores de la aldea, supervisan esta participación.

La administración civil no ofrece ningún tipo de ayuda material a la educación. Los escasos fondos de que disponen las organizaciones exteriores se destinan principalmente a proporcionar recursos, como la formación, que resulta imposible encontrar en Sudán. La gestión diaria de las escuelas se verá amenazada si depende del apoyo, inevitablemente precario, de las organizaciones que operan en el contexto del "socorro".

Las agencias del ECC han estudiado diversos modos de estimular el apoyo de la comunidad local. Para ello se han facilitado materiales que complementan el apoyo de la comunidad, como semillas y herramientas para crear huertos escolares (600 entre 1993 y 1994). El objetivo es capacitar a las escuelas para que produzcan verduras y hortalizas que puedan contribuir a la manutención de los niños y los profesores. El huerto escolar debe servir como experiencia educativa para los alumnos. Otra forma de aportación es la distribución de materiales de costura entre los grupos de costureras, para la confección de ropa escolar.

Los grupos de costureras han recibido telas y material de costura en diversas zonas piloto. Parte de la tela (por lo general dos tercios) se destina a la confección de ropa para los alumnos y los profesores, dando preferencia a los vestidos de las niñas. Los beneficiarios cambian la tela por otros productos, lo que proporciona a la escuela unos pequeños ingresos. La tela sobrante es el salario de las mujeres. UNICEF suministra nuevas telas previa recepción de documentos que demuestren que la ropa ha sido confeccionada y entregada a la escuela.

Los materiales educativos básicos, en forma de "estuches" escolares, también son facilitados por UNICEF a todas las escuelas. Los estuches (que en la actualidad están siendo revisados) contienen tizas, cuadernos, bolígrafos, lápices y una pelota. Ninguno de estos artículos puede adquirirse en el sur de Sudán.

Mirando hacia el futuro: cuestiones clave

Lo que hasta ahora se ha conseguido en el sur de Sudán es tan sólo el comienzo. A medida que el sistema evoluciona, es preciso considerar diversas cuestiones en el marco de la estructura de educación del profesorado que se ha establecido.

Calidad de la educación escolar

El impacto de las mejoras en el terreno educativo debe medirse en términos de *calidad* y *adecuación* al sur de Sudán. La escuela debe proporcionar *habilidades para la vida* útiles en un contexto rural donde la mayoría de los niños no pueden permitirse más que unos cuantos años de educación primaria. Los materiales y los métodos existentes tendrán que ser revisados a la luz de la experiencia de los cursos de educación del profesorado, tras realizar un seguimiento exhaustivo de los mismos y con la participación de las comunidades correspondientes.

Certificación/evaluación

La evaluación y la expedición de certificados representa un reconocimiento importante tanto para los maestros en ciernes como para los alumnos, pero también debe reflejar aquellos logros que sean relevantes para sus titulares.

Los exámenes escolares deben realizarse tras estudiar los sistemas vigentes en los países vecinos, de manera que los certificados sean homologables en la medida de lo posible. Los pocos alumnos que puedan continuar su formación una vez concluida la etapa de educación primaria tendrán que realizar sus estudios fuera de Sudán, al menos en el futuro próximo.

El arbitraje externo debe ser prioritario tanto en los exámenes escolares como en los de educación del profesorado.

Acceso

El desequilibrio existente entre el número de niñas y niños escolarizados exige una atención urgente. Es esencial comprender los factores culturales que obstaculizan la asistencia de las niñas a la escuela. Sólo trabajando con la comunidad para concienciarla de la importancia que tiene la educación de las niñas será posible modificar la situación actual.

Es preciso igualmente buscar fórmulas para mejorar el acceso a la educación de todos los niños, pese a las limitaciones impuestas por la escasez de maestros y de recursos. El apoyo a los coordinadores educativos locales en la planificación del proceso —cuya importancia ya reconocen claramente— es un desafío importante para el personal de las ONG y otras organizaciones que trabajan en el sur de Sudán.

Cuando una escuela recibe atención—materiales educativos y formación del profesorado— el número de niños que asisten a ella aumenta invariablemente. A medida que las comunidades rurales vayan convenciéndose de que la calidad y el acceso a la escuela mejora, los índices de asistencia mejorarán.

Conclusión

La experiencia del sur de Sudán ofrece lecciones sumamente valiosas para otras situaciones de conflicto. Pone de manifiesto que la educación es un componente posible y al mismo tiempo esencial en las operaciones de emergencia.

Los elementos clave del programa pueden resumirse como sigue:

• Prestar más atención a las personas que a los edificios, mediante la educación del profesorado.

• Basarse en la participación de la comunidad en el apoyo a la escuela.

• Fomentar la cooperación entre las distintas organizaciones y garantizar la coherencia de sus actividades

• Reconocer la importancia de las escuelas para transmitir información y estimular la discusión sobre temas como la salud, las necesidades psicosociales y la educación de las niñas, integrando estas cuestiones en la educación del profesorado.

• Ante los donantes, abogar por la importancia de financiar la educación como parte de las operaciones de emergencia.

Notas

1 Mark Duffield, "Complex emergencies and the crisis of developmentalism", *IDS Bulletin: Linking Relief and Development*, Vol. 25, N° 3, Octubre 1994.

2 El SPLA eligió el inglés como lengua de enseñanza en las escuelas de su esfera de control. Tras el necesario debate, el ECC aprobó la distribución de los libros producidos por el Sudan Literature Centre (SLC) a las escuelas. El SLC está dirigido por pedagogos del sur de Sudán que evalúan las ediciones de libros de texto en inglés para los cinco o seis primeros cursos de educación primaria, en función de cada materia. Los textos se basan en un plan de estudios diseñado por el Ministerio de Educación regional para el sur de Sudán durante la etapa anterior a la guerra.

3 Se realiza un seguimiento de las escuelas mediante visitas destinadas a ofrecer apoyo y asesoramiento a los maestros recién formados y a evaluar el impacto de los cursos sobre el profesorado y sobre los centros. El personal de las ONG colabora en este sentido con los coordinadores educativos de la RASS y la SRA en sus respectivas zonas. El ECC elaboró un formulario con el fin de comparar los resultados entre distintas y escuelas y zonas a la hora de realizar una evaluación oficial.

La autora

Alison Joyner fue responsable de proyectos educativos de UNICEF/Operación "Lifeline Sudan" (sector sur) entre 1992 y 1994. Anteriormente fue profesora en la Universidad de Ciencia y Tecnología de Jartum. Posteriormente fue nombrada Directora de proyectos educativos de SCF (en el Reino Unido) para el Programa en el Sur de Sudán. En la actualidad es Consejera de Educación de SCF en Lhasa (Tíbet).

Este artículo se publicó originalmente en *Development in Practice*, Volumen 6, número 1 (1996).

Búsqueda familiar: ¿Por el bien de quién? (I)

Lucy Bonnerjea

"Él no conoce los nombres de sus antepasados; ella no sabe comprar, cocinar o cuidar de un bebé; ninguno de los dos encaja ya en la sociedad. Esto es lo que han conseguido nuestras instituciones."

Búsquedas familiares

En toda guerra, desastre o desplazamiento de población, hay niños separados de sus familias. Muchas veces se pierden cuando intentan huir de sus aldeas atacadas o al recorrer largas distancias en busca de alimentos y lugares seguros. Algunos son secuestrados, raptados o abandonados.

La respuesta a esta situación en el pasado ha consistido en mantener a estos niños juntos. La mayoría de los gobiernos y de las ONG han alojado a los niños en orfanatos, en las secciones infantiles de campos de refugiados o de campos de tránsito, e incluso los han separado deliberadamente en campos y hospitales para alimentarlos. Esto se ha hecho generalmente por el mejor de los motivos: los niños son los primeros, los más vulnerables; su atención debe ser prioritaria. La principal preocupación ha sido su seguridad y su supervivencia inmediatas.

Sin embargo, los proyectos de búsqueda y reagrupamiento familiar sostienen que en la mayoría de los casos es posible encontrar a las familias de estos niños, y que esto es lo mejor que se puede hacer por ellos. Se considera que la familia es el entorno más adecuado para el desarrollo, la protección y la sensación de identidad del niño a largo plazo. La familia es el núcleo donde se aprenden las habilidades sociales, donde los miembros comparten la misma lengua y la misma cultura, y también ancestros comunes. Los niños aprenden cómo funciona la familia, cómo se desarrollan los roles, porque tienen modelos sociales y económicos que observar y de los que aprender. Esto da sentido de continuidad a la existencia, con un pasado que la gente conoce y que nos conecta con el futuro. (2)

¿Puede hacerse?

¿Es posible buscar a las familias en mitad de una guerra o una sequía? No siempre, pero a menudo es posible hacerlo. Ello depende, en gran medida, de la calidad de los programas de búsqueda. Este tipo de programas implica reunir principios y valores claramente desarrollados —sobre la importancia de que los niños tengan familias y de que las comunidades recuperen a sus niños—, así como una logística y unos sistemas eficaces, incluyendo buenos sistemas de registro y clasificación de archivos y buenos medios de transporte.

La búsqueda familiar suele llevarse a cabo en cuatro fases: la identificación de los niños necesitados de búsqueda; la recopilación de información sobre ellos; la búsqueda de la familia; y, si es posible, el reagrupamiento de los niños con sus familias. Es preciso tener presente en todo momento las diferencias sexuales, pues las circunstancias y experiencias de niños y niñas a menudo varían notablemente.

Identificación

El primer paso es identificar a los niños que necesitan ayuda. No podemos esperar que los niños soliciten la búsqueda; debemos ofrecérsela. Algunos programas comienzan con los niños visiblemente separados de sus familias, como los que están en un centro de nutrición o en un hogar infantil. Otros identifican de forma sistemática los lugares donde puede encontrarse a niños separados de sus familias —en comisarías de policía, en las calles, en la comunidad— y deciden qué niños son más vulnerables y quiénes necesitan el servicio de búsquedas con más urgencia.

Para identificar a los niños suele ser necesario un programa de educación nacional. Las guerras producen una gran sensación de miedo y de desconfianza hacia el abuso de información personal. La gente teme sufrir represalias o ser secuestrada, por ser quienes son y no por lo que hayan hecho. Sólo ofrecerán voluntariamente dar información de carácter personal cuando comprendan el valor del programa de búsqueda y lo acepten.

Recopilación de información

La recopilación de información sobre los niños es el segundo paso. Supone obtener información del pasado y el presente de cada niño, y de sus deseos para el futuro. Hay muchos obstáculos para que los adultos escuchen y oigan a los niños. En todo el mundo se espera que los niños escuchen a los adultos, en lugar de lo contrario: esto hace que escuchar a los niños se convierta en una habilidad que debe ser enseñada y desarrollada en un programa de búsqueda familiar. Algunos niños no conocen su apellido o el nombre de su pueblo. Están demasiado traumatizados para recordar.

Para obtener esta información es preciso establecer una relación de confianza, animar a los niños a hablar y luego registrar hasta el último detalle de la información. Algunos niños, sobre todo los mayores, pueden ofrecer información objetiva a partir de la cual planificar un viaje de búsqueda. A otros habrá que hacerles preguntas como: ¿había ríos cerca de dónde vivías, o montañas o escuelas? ¿dónde comprabas el pan? ¿te conocía el panadero? ¿había una iglesia, o una mezquita o un mercado?

Una vez obtenidos los datos, se realizan otras dos series de preguntas. La primera tiene por objeto identificar las necesidades más inmediatas del niño: ¿se siente seguro y feliz donde está, mientras se realiza la búsqueda? ¿o preferiría ser trasladado a un lugar más seguro o mejor? La segunda se propone identificar sus necesidades a largo plazo, por ejemplo ¿con cuáles de sus familiares le gustaría vivir? Esto sólo tiene importancia en el caso de que los padres hayan muerto o no sea posible encontrarlos; en tal caso, la elección de otros miembros de la familia debe hacerse consultando al niño.

Búsqueda

La búsqueda supone adentrarse en lo desconocido, a menudo a campo traviesa, y recorrer largas distancias a pie. Significa preguntar en los mercados, buscar a los ancianos de las aldeas y a los líderes locales, a veces llevar fotografías de los niños, a veces sólo los documentos, a veces a los propios niños. La búsqueda también puede hacerse a través de los periódicos, de carteles o de la radio.

La búsqueda sólo funciona si se cuenta con la ayuda de personas que vivan en la zona de la que proceden los niños. Se basa en la información que proporcionan las comunidades; para ello es preciso encontrar gente que confíe en el personal que realiza la búsqueda, discutir las posibilidades e identificar vecinos, parientes o líderes locales que puedan colaborar. La búsqueda ofrece los mejores resultados cuando se recurre a estructuras reconocidas de liderazgo local, ya se trate de líderes tradicionales o religiosos, de ancianos o de jefes.

Reunificación

El objetivo de la búsqueda es la reunificación. En una situación ideal, se localiza a los familiares, los niños quieren vivir con ellos y la familia se siente feliz de acogerlos. Pero es importante asegurarse de que la familia dispone de comida suficiente para alimentarlos, y de que la zona es razonablemente segura. En tal caso lo niños pueden ser devueltos, a menudo con bailes, músicas y el agradecimiento a los antepasados.

Sin embargo, la realidad resulta con frecuencia bastante más difícil, y el personal de búsqueda tropieza con numerosos problemas antes de localizar a los familiares. Puede ocurrir que los padres y los abuelos estén definitiva o probablemente muertos. Otros familiares pueden tener un parentesco muy lejano, o ser indigentes. ¿Qué hacer entonces? Cada situación familiar debe valorarse individualmente, invitando a las autoridades de la comunidad a opinar si las familias pueden y deben hacerse cargo de los niños. También puede ofrecerse una ayuda económica limitada.

En algunos casos puede ser necesario recurrir a familias sustitutas, bien provisionalmente, mientras continúa la búsqueda de la familia, bien definitivamente, una vez agotadas todas las vías de búsqueda. En este caso la ayuda local es igualmente imprescindible para valorar la motivación y la situación económica de las familias. Es esencial realizar un estudio de la situación, bien por parte de trabajadores sociales, líderes de la comunidad o adultos elegidos por el niño.

¿Por el bien de quién?

Hay que preguntarse en todo momento en interés de quién se realiza un programa de búsqueda familiar o de acogida individual. Todos y cada uno de los que participan en la planificación, la financiación o la evaluación del programa, así como los miembros del equipo de búsqueda deben hacerse esta pregunta constantemente, para no perder de vista los objetivos de la búsqueda familiar. No debe ser una forma de cerrar programas de nutrición, de reducir gastos en instituciones de acogida o de seguir nuevas modas en el diseño de los proyectos de las ONG. Tampoco debe ser una forma de ir dejando niños a la primera oportunidad en cualquier entorno comunitario. Es preciso tener en cuenta los intereses futuros de los niños –en el contexto de su cultura, su lengua, su seguridad, su desarrollo y sus países–, así como su supervivencia inmediata. De este modo se cierra el círculo.

Antes sacábamos a los niños de sus comunidades "por su propio bien". Ahora los devolvemos a sus comunidades, también "por su propio bien". Debemos ampliar el debate sobre lo que realmente es mejor para los niños, en cada país, en cada emergencia, y en cada situación de desarrollo.

Notas

1 Este artículo está basado en una revisión de los programas realizados por Save the Children Fund (SCF) en cinco países africanos: Angola, Etiopía, Liberia, Mozambique y Uganda. Algunos son proyectos operativos, otros consisten en ofrecer al personal del gobierno nacional la financiación y el apoyo necesarios para realizar el trabajo. En cada caso, la revisión consistió en examinar el programa y entrevistarse con los responsables políticos gubernamentales, el personal de búsqueda afincado en la comunidad, el personal de SCF, las familias y los niños. Además, se encargaron dos trabajos de investigación: una encuesta por correo dirigida a todo el personal de ayuda social en Mozambique que había participado en programas de búsqueda y reunificación familiar, y un seguimiento de 100 familias en Uganda, donde los niños habían regresado tras periodos de separación más o menos largos. Los niños y las familias fueron entrevistados por separado.

2 Las familias no son sinónimo ni de los padres ni de los miembros del hogar. Las estructuras familiares varían enormemente. Las familias ampliadas desempeñan un papel esencial, y en este sentido la familia está integrada por cualquiera que tenga un vínculo con el niño, ya sea por sangre o por matrimonio.

La autora

Lucy Bonnerjea, profesora de la London School of Economics fue seleccionada por el Save the Children Fund para revisar cinco programas de búsqueda familiar. A principios de 1994, SCF publicó una guía de buenas prácticas basada en este trabajo.

Este artículo se publicó originalmente en *Development in Practice*, Volumen 4, número 3 (1994).

Bibliografía comentada

Esta es una lista seleccionada de publicaciones recientes en inglés sobre el trabajo de desarrollo en contextos de crisis y conflictos armados, con especial referencia a las Emergencias Humanitarias Complejas. Gran parte de la reflexión más rica e innovadora en este campo se ha de encontrar en evaluaciones de programa inéditas, en revistas académicas, o en detallados estudios de caso. Aquí nos hemos centrado en las obras principales y en material que es fácilmente accesible; la mayor parte del mismo también cuenta con bibliografías a las que pueden referirse los lectores. Se han mencionado materiales que se refieren específicamente a un país cuando ilustran cuestiones más generales de la política y la práctica humanitaria, o cuando dan voz a los directamente afectados por la guerra o el conflicto armado. Se incluye una lista de los principales proyectos de investigación internacionales; muchos de ellos publican estudios por derecho propio, y mantienen bases de datos o centros de documentación especializados.

La bibliografía fue recopilada y comentada por Deborah Eade y Caroline Knowles, Editora y Editora Adjunta respectivamente de *Development in Practice*, con Stephen Commins y Chris Jackson.

African Rights, *Humanitarianism Unbound? Current Dilemmas Facing Multi-mandate Relief Operations in Political Emergencies*, Londres: African Rights, Discussion paper nº 5, 1994
Estudio sobre los dilemas prácticos y morales planteados por la "desenfrenada" implicación de las ONG en las emergencias complejas de la postguerra fría, y una feroz crítica de su papel a la hora de emitir influyentes opiniones políticas — y a menudo ingenuas u oportunistas— que están "aparentemente libres de las trabas derivadas de los límites de su mandato y su pericia, o de su responsabilidad". Examinando el desempeño de ONG y de agencias de Naciones Unidas en Etiopía, Sudán, Angola, Somalia, Bosnia y Ruanda, los autores reclaman que las ONG clarifiquen su mandato ético y sus principios operacionales, y que los apliquen de una forma clara y coherente.

Mary B. Anderson y Peter J. Woodrow, *Rising from the Ashes: Development Strategies in Times of Disaster,* París: UNESCO, o Boulder (CO): Westview Press, 1989
Basado en diversos estudios de caso, este libro muestra que los programas de socorro nunca son neutrales en su impacto en el campo del desarrollo. Presenta un marco sencillo —conocido como AVC, Análisis de Vulnerabilidad y Capacidad— para entender las relaciones dinámica entre las necesidades, las vulnerabilidades y las capacidades de distintas personas. Analizando la práctica actual de los socorros en situaciones de emergencia, los autores muestran varias maneras prácticas de mejorarla.

Jon Bennett, *Meeting Needs: NGO Coordination in Practice*, Londres: Earthscan, 1995
Una recopilación con ocho estudios de caso documentando ejemplos de coordinación de ONG en emergencias en Oriente Próximo, el Cuerno de África, Camboya y Centroamérica. En la visión general se examinan los peligros de la expansión de las ONG en las emergencias, especialmente allí donde ello permite que la ayuda bilateral y multilateral sea canalizada por el sector no gubernamental a expensas de los gobiernos y las estructuras de servicios públicos del Sur. Se pregunta por qué las ONG se coordinan mejor en las crisis, y cuál es el verdadero impacto de las ONG si éstas socavan las estructuras gubernamentales.

Michael Cranna (ed.), *The True Cost of Conflict*, Londres: Earthscan y Saferworld, 1994
Desde 1994, en torno a 22 millones de personas han muerto en las guerra, y muchas de los 42 millones de personas desplazadas en todo el mundo son víctimas de conflictos. Este libro valora los verdaderos costes, utilizando casos de estudio de la Guerra del Golfo, Timor Oriental, Mozambique, Perú, Cachemira, Sudán y la antigua Yugoslavia. Examina las pérdidas humanas, así como las consecuencias en términos sociales, ambientales, y de desarrollo. También intenta calcular los costes más amplios tanto para los países involucrados como para sus socios económicos, y se pregunta quién, en última instancia, se beneficia del conflicto.

Ilene Cohn y Guy S. Goodwin-Gill, *Child Soldiers: The Role of Children in Armed Conflict*, Oxford: Oxford University Press, 1994 [Existe traducción al castellano: *Los niños soldados. Un Estudio para el Instituto Henry Dunant, Ginebra*, Madrid: Fundamentos/Cruz Roja Juventud, 1997]
La guerra ha causado la muerte de dos millones de niños y los ha dejado sin hogar hasta seis veces esa cifra desde mediados de los ochenta. En relación con ello se encuentra "la creciente participación de los niños en las hostilidades, tanto en número como (...) en la naturaleza de su implicación". Escrito para el Instituto Henry Dunant de la Cruz Roja, este libro examina las penurias de los niños-soldado en el contexto del Derecho Internacional Humanitario (DIH) y la convención de los Derechos del Niño de 1989. Partiendo de datos de África, Asia y América Latina, los autores exploran las motivaciones de los niños-soldado, así como de los adultos que los reclutan y los explotan.

Mark Cutts y A. Dingle, *Safety First: Protecting NGO Employees who Work in Areas of Conflict*, Londres: Save the Children Fund /SCF), 1995
Las organizaciones humanitarias que trabajan en zonas de guerra deben contraponer su responsabilidad con las poblaciones afectadas con su obligación de proteger a sus propios empleados. Este libro recomienda a las ONG cómo proteger mejor a su personal, y de esta forma cómo pueden mejorar sus oportunidades de continuar con su acción humanitaria. Partiendo de la experiencia de SCF, examina la seguridad en términos de principios básicos como gestión del riesgo y apartidismo;

prácticas de gestión conscientes de la seguridad, y medidas prácticas de seguridad. También aporta recomendaciones sobre la evacuación del personal, y la explicación de las acciones a los medios de comunicación.

Mark Duffield, "Complex emergencies and the crisis of developmentalism", *IDS Bulletin*, 25/4, octubre de 1994, pp. 37-45
En este influyente artículo, el autor establece una relación directa entre la inestabilidad política y el surgimiento de emergencias políticas complejas y guerras internas, las cuales amenazan con destruir totalmente la integridad cultural, civil, política y económica de una sociedad. Los factores étnicos son comunes en este tipo de emergencias. Las organizaciones de socorros y las ONG a menudo fallan a la hora de reconocer la distinción entre desastres naturales y emergencias complejas, y por ello adoptan análisis y respuestas "lineales" basadas en supuestos inadecuados sobre la posibilidad de un retorno a lo "normal". En lugar de ello, deberían diseñar sus programas en torno al hecho de que en la era de la post-Guerra Fría las emergencias complejas son la norma. Sin embargo, al adaptar sus llamamientos —y con ello su responsabilidad— a sus donantes en vez de a aquellos a los que afecta la violencia política, las ONG pueden implícitamente sumarse a la desvinculación de Occidente del compromiso por un desarrollo equitativo.

Eade, Deborah and Suzanne Williams: *The Oxfam Handbook of Development and Relief,* Oxford: Oxfam (UK and Ireland), 1995
Este libro de referencia en tres volúmenes ofrece una guía fidedigna del pensamiento, la política y la práctica actual en todas las áreas del desarrollo y de la ayuda de emergencia en las que Oxfam está implicada. El capítulo dos, "Centrarse en la gente", explora aquellos aspectos de la identidad social que deberían guiar todas las acciones de desarrollo y de socorros, como el género, la identidad étnica, racial y cultural, la infancia y la tercera edad y las discapacidades. El capítulo seis, "Emergencias y desarrollo" se centra en gran medida en las emergencias humanitarias complejas que implican guerra y conflicto armado. Oxfam pone énfasis en la construcción de capacidades locales sostenibles tanto para identificar necesidades y suministrar asistencia, como para reducir la vulnerabilidad a largo plazo. En aparta-

dos detallados se abordan cuestiones prácticas referidas a la coordinación de las ONG, la valoración de las necesidades, las nutrición, la salud —incluyendo agua, saneamiento y vivienda—, y seguridad alimentaria. Cada sección incluye Preguntas Clave y Recursos Adicionales. El tercer volumen comprende un directorio de recursos con más de 500 entradas comentadas, y también ha sido publicado por separado.

Susan Forbes Martin, *Refugee Women*, Londres: Zed Books, 1992
A pesar de la creciente concienciación sobre la desproporcionada vulnerabilidad de la mujer en situaciones de conflicto, y la denominada "violencia de género" de las violaciones y los abusos sexuales, las organizaciones de ayuda todavía muestran escasos conocimientos respecto a cómo diseñar intervenciones de socorro sensibles al género. Incluso las organizaciones con política de género pueden llegar a sugerir que el análisis de género es un lujo inalcanzable en una crisis. Este libro examina cinco ámbitos clave para el bienestar de los refugiados: la protección, el acceso a servicios sociales y materiales, la actividad económica, la repatriación y la reconstrucción, y el reasentamiento en un tercer país. Para cada uno de estos ámbitos se presentan alternativas políticas y prácticas sencillas y sensibles al género.

Ted Robert Gurr, *Minorities at Risk: A Global View of Ethnopolitical Conflicts*, Washington: United States Institute of Peace Press, 1993
La identidad comunal puede estar basada en mitos y experiencias históricas compartidas, en creencias religiosas, la lengua, la etnicidad, la región de residencia, y en sistemas de casta, en las ocupaciones prescritas por la costumbre. La identificación de lo que suele denominarse grupos o minorías étnicas depende no sólo de la presencia de unos rasgos particulares, sino de la percepción compartida de que dichos rasgos sitúan aparte a dicho grupo. Investigando sobre unos 200 grupos comunales políticamente activos, el autor se pregunta: ¿Qué identidades e intereses comunales son más contradictorios con las estructuras y las políticas de los Estados actuales, y por qué? Las estrategias para reducir el conflicto étnico, como la autonomía, el pluralismo, y el reparto formal del poder también son sometidas a discusión en este libro.

International Committe of the Red Cross, *Basic Rules of the Geneva Conventions and their Additional Protocols*, Ginebra: ICRC, 1983 [Existe edición en castellano: Comité Internacional de la Cruz Roja (CICR), *Normas básicas de los Convenios de Ginebra y d esus Protocolos Adicionales*, Ginebra: CICR, 1983]
Folleto que resume las normas básicas del Derecho Internacional Humanitario (DIH), en el que se contienen los acuerdos relativos a la protección de las víctimas de los conflictos armados, para las que existen unas 600 disposiciones en los Convenios de Ginebra y en sus Protocolos Adicionales. En el CICR puede obtenerse información adicional y otras publicaciones sobre el DIH.

Michael T. Klare y Daniel C. Thomas (eds.), *World Security: Challenges for a New Century*. Nueva York: St. Martin's Press (2ª edición), 1994
Recopilación de ensayos sobre el mundo de la post-Guerra Fría, que reflexionan sobre cómo afectarán a la futura seguridad mundial los recientes cambios globales. Los cuatro primeros se centran en los amplios contornos políticos y sociales del sistema internacional emergente. Otros cubren la proliferación nuclear, el tráfico de armas, los conflictos regionales y étnicos, el militarismo en el Tercer Mundo, los derechos humanos internacionales, la violencia contra la mujer, la degradación del medio ambiente, el cambio demográfico, el subdesarrollo y el hambre.

Mary Ann Larkin, Frederick C. Cuny, y Barry N. Stein (eds.), *Repatriation under Conflict in Central America*, Georgetown: CIPRA e Intertect, 1991
Como resultado de la guerra en Centroamérica en los años setenta y ochenta, numerosas poblaciones rurales —frecuentemente indígenas— fueron desplazadas o se quedaron sin hogar. La mayor parte han permanecido como desplazados internos, sin apenas acceso a la protección y la asistencia internacional. De los muchos miles que buscaron asilo en el exterior, pocos adquirieron el estatus de refugiado, y en lugar de ello tuvieron que hace frente al miedo y a la inseguridad de estar indocumentados o de ser inmigrantes ilegales. La continuación del conflicto pareció hacer inconcebible la repatriación. Sin embargo, muchos de los refugiados retornaron desde mediados de los ochenta, inicialmente en un

movimiento espontáneo, y después con la asistencia del ACNUR y de otras organizaciones.

En todo el mundo, la mayoría de los desplazados o no califican para, o no tienen acceso a la ayuda internacional. La mayor parte de los refugiados vuelven a casa con poca o ninguna asistencia internacional. Al analizar casos específicos de repatriación voluntaria, espontánea y/o sin asistencia, los ensayos de este libro ilustran los grandes dilemas políticos y prácticos que este fenómeno plantea a las organizaciones humanitarias. Un volumen complementario, *Repatriation During Conflict in Africa and Asia* (1992), también compilado por Cuny *et al.*, ha sido publicado por el Centro para el Estudio de las Sociedades en Crisis. Para una síntesis de las principales cuestiones planteadas, ver B. N. Stein y F. K. Cuny, "Refugee repatriation during conflict: protection and post-return assistance", *Development in Practice* vol. 4, número 3, pp. 173-187.

Mandy Macdonald y Mike Gatehouse, *In the Mountains of Morazan: Portrait of a Returned Refugee Community in El Salvador*. Londres. Latin American Bureau, 1995

Un relato sobre una comunidad salvadoreña de 8.000 personas, que retornó en plena guerra civil tras nueve años de estancia en Honduras como refugiados. La Ciudad Segundo Montes se enfrentó a problemas no previstos en la transición a la reconstrucción de postguerra. Al disminuir la ayuda y la atención internacional, y sin inversión pública ni subsidios estatales, la gente tuvo que abandonar muchas de las creencias y de los enfoques organizativos que les habían motivado y les habían mantenido unidos en el exilio. El libro proporciona reflexiones únicas sobre las experiencias compartidas por gente pobre que lucha por reconstruir sus vidas en un marco tanto de postguerra como de post-Guerra Fría, y de esta forma pasar de la supervivencia a la subsistencia y al desarrollo.

Joanna Macrae y Anthony Zwi (eds.), *War and Hunger: Rethinking International Responses to Complex Emergencies*, Londres y Nueva Jersey: Zed Books, 1994

Recopilación de artículos —con aportaciones de David Keen, Alex de Waal, Mark Duffield y Hugo Slim— que examinan la relación que existe entre la pobreza, el conflicto armado, la inseguridad alimentaria, así como los dilemas que plantea el suministro de socorros humanitarios en épocas de guerra. Las Emergencias Humanitarias Complejas son inherentemente políticas, tomen la forma de un genocidio —o "limpieza étnica"— o de otras violaciones de los derechos humanos, como la negación de los alimentos a ciertos grupos de la población. Los donantes y las ONG a menudo fracasan a la hora de comprender las causas políticas subyacentes, y los fracasos de la ayuda internacional en parte se deben a esto. Basándose en gran medida en estudios de caso de África, los autores reclaman mayor claridad y responsabilidad en el sistema internacional de socorros, afirmando que las cuestiones de transición —o de postguerra— deben ser abordadas por estructuras organizativas locales.

David Milwood (ed.), *The International Response to Conflict and Genocide: Lessons from the Rwanda Experience*. Steering Committe on the Joint Evaluation of Emergency Assistance to Rwanda (5 volúmenes), disponible en el Overseas Development Institute (ODI), Reino Unido, 1996

La Evaluación Conjunta de la Asistencia de Emergencia a Ruanda toma como punto de partida el hecho de que, en primer lugar, la masiva operación humanitaria engendrada por la crisis ruandesa nunca debería haber sido necesaria. Si en una etapa más temprana hubieran tenido lugar las acciones políticas y diplomáticas necesarias, gran parte de la catástrofe humana derivada del genocidio podría haberse evitado. El informe, que comprende cuatro estudios separados y un documento de síntesis, examina los antecedentes de la crisis de 1994, el papel de los actores internacionales clave, y la actuación de la miríada de organizaciones involucradas en la asistencia humanitaria y en los esfuerzos de reconstrucción de la postguerra. Muy pocos de ellos se salvan de la crítica. El informe plantea serios desafíos para el Secretariado General de Naciones Unidas, el Consejo de Seguridad, los gobiernos con influencia regional y de la OCDE, las agencias humanitarias y la maquinaria de derechos humanos de Naciones Unidas, las ONG y los medios de comunicación. El informe hace importantes recomendaciones referidas a la gestión futura de intervenciones como ésta, y es muy probable que influya durante algún tiempo en el debate sobre las "emergencias complejas".

Larry Minear y Thomas G. Weiss, *Humanitarian Action in Times of War*. Boulder (CO): Lynne Rienner, 1993
Manual que resume enseñanzas y establece principios humanitarios y orientaciones para la acción para los actores civiles que proporcionan asistencia humanitaria y protección en guerras y en otros conflictos armados. A pesar de las diferencias que existen entre ellos, las organizaciones de Naciones Unidas, los gobiernos donantes, las ONG, el CICR y las instituciones que trabajan en zonas de conflicto tienen un compromiso básico compartido con estos principios.
Se considera que las organizaciones que funcionan con más éxito en situaciones de conflicto son aquellas que son coherentes y claras respecto a cómo articulan y observan ciertos principios humanitarios. Pero cuando las organizaciones se basan en la improvisación, y no se encuentran limitadas por la fidelidad a unos principios de actuación declarados, su desempeño es menos adecuado. En este libro se ofrece una gama de consideraciones prácticas en favor de la mejora del desempeño y de la responsabilidad, y se propone a los que trabajan en este campo un código de conducta para las organizaciones humanitarias, tanto a nivel individual como de comunidad.

Larry Minear y Thomas G. Weiss, *Mercy Under Fire*. Boulder (CO): Westview Press, 1995
Describiendo la experiencias de la comunidad internacional al responder al aumento de los conflictos armados en el periodo inicial de la post-Guerra Fría, los autores revisan la acción para proporcionar asistencia y protección a la población civil. Al escribir para un público internacional preocupado, los autores se basan en numerosas entrevistas con trabajadores de socorros, y al público no especializado le aportan un profundo conocimiento sobre los desafíos que afrontan los profesionales de la ayuda humanitaria.

Terence Loone Mooney (ed.), *The challenge of development within Conflict Zones*. París: OECD, 1995
Tres artículos procedentes de un coloquio celebrado en 1994 en la OCDE, con una introducción y una conclusión. Larry Minear establece un marco conceptual para debatir sobre desarrollo en situaciones de conflicto. Analiza las responsabilidades, los límites y las oportunidades para los donantes, las operaciones de paz de Naciones Unidas, y las ONG. Mary B. Anderson contempla cómo la comunidad internacional puede proporcionar ayuda moral y política a las sociedades que emergen del conflicto, con objeto de reducir las tensiones, apoyar el desarrollo y establecer las condiciones generales para sostener la paz a largo plazo. Kumar Rupesinghe analiza la relación existente entre el conflicto y el desarrollo y reclama un enfoque de "paraguas estratégico" para la prevención de conflictos, en el que consorcios específicos de ONG y organismos gubernamentales implicados, en cooperación con grupos intergubernamentales, puedan centrarse en abordar las situaciones de conflicto emergentes.

Oxfam Working Papers, incluyendo *Development in Conflict: The Gender Dimension* (1994); *Conflict and Development: Organisational Adaptation in Conflict Situations* (1995); *The Somali Conflict: Prospects for Peace* (1994); *Famine, Needs Assesment, and Survival Strategies in Africa* (1993), y *War and Famine in Africa* (1991).

Jenny Pearce, *Promised Land: Peasant Rebellion in Chalatenango, El Salvador*. Londres: Latin American Bureau, 1986
Un relato detallado e impactante del desarrollo de base que ha tenido lugar en las zonas de guerra bajo control de la guerrilla en El Salvador, tal y como ha sido definido y llevado a cabo por las comunidades campesinas de la zona. Las actividades incluyen educación y alfabetización de adultos, trabajo de salud comunitaria, producción agrícola, y sistemas de gobierno de la comunidad, así como las habilidades organizativas requeridas para gestionarlas.

Rosemarie Rogers y Emily Copeland, *Forced Migration: Policy Issues in the Post-Cold War World*. Medford (Mass): Tufts University, 1993
Este libro resalta la falta de protección y de asistencia internacional para las personas desplazadas internas que han "huido de condiciones de violencia generalizada en las que estaba implicado su propio gobierno o que éste no podía controlar". Cuestiona la distinción convencional entre asuntos externos e internos, en los que la soberanía nacional actúa como un escudo tras el que un gobierno permite que sectores de su población sean desplazados forzosos. La obligación de proteger y promover los derechos humanos reside en los Estados, y por ello en la comunidad interna-

cional. Las políticas de asistencia a las personas refugiadas y desplazadas requieren que las migraciones forzadas sean abordadas en primera instancia como una de las principales violaciones de los derechos humanos.

Shawn Roberts y Jody Williams, *After the Guns Falls Silent: The Enduring Legacy of Landmines*. Washington: Vietnam Veterans of America Foundation, 1995
Al describir el efecto de las minas terrestres sobre la gente, sus comunidades, sus vidas y sus medios de vida, este libre examina las consecuencias del uso de minas terrestres en el movimiento y reasentamiento de refugiados y en el medio ambiente. También abarca cuestiones como la eliminación de minas y la toma de conciencia de su existencia, y los costes psicológicos, médicos y de rehabilitación de las mismas.

Robert I. Rotberg y Thomas G. Weiss (eds.), *From Massacres to Genocide: the Media, Public Policy and Humanitarian Crisis*. Cambridge (Mass.) Brookings Institution/The World Peace Foundation, 1996
Discusión sobre la forma en la que la cobertura de las crisis internacionales por parte de los medios de comunicación influye en la formulación de políticas. Todos los colaboradores de este libro están de acuerdo en la importancia que tiene una atención de los medios de comunicación bien informada y bien desarrollada a la hora de formular políticas sensibles en relación con la resolución de conflictos étnicos y religiosos y crisis humanitarias complejas. La cuestión se examina desde muchos ángulos: cómo cubren los medios de comunicación las situaciones de emergencia, y la influencia que estos medios tienen —en particular de la televisión— tanto en la toma de decisiones de los gobiernos como en la acción de las ONG; las visiones de los grupos humanitarios sobre las limitaciones de la coberturade los medios, especialmente cómo pueden ayudarles a mantener una calidad elevada cuando las cuestiones se reducen a fragmentos sonoros; la situación actual de la formulación de las políticas en Estados Unidos, y los controvertidos efectos de la cobertura periodística y de la opinión pública en la formulación de políticas.

Kumar Rupesinghe (ed.), *Ethnic Conflict and Human Rights*. Tokio: UN University Press, 1994

Este libro está basado en un seminario celebrado en 1986, con el patrocinio de la Universidad de Naciones Unidas, International Alert, el Norwegian Human Rights Institute y el International Peace Research Institute. Los colaboradores exploran los conflictos étnicos y su relación con los derechos humanos. Mediante la revisión de las teorías sobre resolución de los conflictos étnicos, así como diversos factores históricos, sociales, políticos y legales, buscan elementos para posibles estrategias de finalización de los conflictos y de promoción de la paz. La recopilación incluye estudios de caso de Irlanda del Norte, Sudáfrica, Nicaragua y Sri Lanka.

Hugo Slim, "The continuing metamorphosis of the humanitarian professional: some new colours for an endangered chameleon", *Disasters* vol. 19, número 2, pp. 110-126, junio de 1995
Las organizaciones de socorros trabajan en la actualidad en situaciones operacionales —las emergencias humanitarias complejas— que reclaman una nueva capacitación, o nuevas aptitudes. Ello requiere una nueva valoración de lo que constituye la acción humanitaria, que en la actualidad incluye el análisis político, habilidades de negociación, predicción y gestión de conflictos, y capacidad para recopilar información. Para las ONG, las nuevas exigencias incluyen trabajar con guardias armados y/o con fuerzas militares, contar información específica del país —y no con generalidades sobre los socorros—, involucrarse con las iniciativas de paz de la comunidad, y una mejor comprensión de cuestiones de salud física y metal.

Rodolfo Stavenhagen, *The Ethnic Question: Conflicts, Development and Human Rights*. Tokio: UN University Press, 1990
Una visión comprehensiva de la cuestión étnica contemporánea, tal y como se manifiesta en la mayoría de las más importantes regiones del mundo. Después de examinar esta cuestión en relación con las teorías de la nación, el Estado, la modernización y la clase, se analiza en profundidad el caso de América Latina. El autor examina hasta dónde se extiende la protección de los derechos étnicos en el sistema de Naciones Unidas y en otros, los problemas de los pueblos indígenas y tribales, el racismo en Europa Occidental, y las políticas educativas y culturales gubernamentales en relación con las minorías étnicas.

Anjali Sundaram y George Gelber (eds.), *A Decade of War: El Salvador Confronts the Future*. Londres: CIIR, con Monthly Review Press y el Transnational Institute, 1991

Esta recopilación cuenta con diez artículos encargados para abordar tres grandes temas: el concepto y la práctica de la democracia en El Salvador; el periodo Duarte y el papel de la intervención política, económica y militar de Estados Unidos; y las principales fuerzas sociales dentro del país —la Iglesia, el movimiento popular, los partidos políticos, las Fuerzas Armadas y el movimiento guerrillero— y su papel en el proceso de paz. Presenta una perspectiva que combina visiones de salvadoreños y de otros que experimentaron la guerra, y demuestra tanto la importancia de fundamentar la acción humanitaria en la compresión de las causas del conflicto, como las limitaciones de la intervención externa para determinar sus resultados.

Geoff Tansey et al., *A World Divided*. Londres: Earthscan, 1994

En este libro se contempla al militarismo global —el legado de la Guerra Fría—, así como a la profundización de la polarización entre el Norte y el Sur, a los límites ambientales al crecimiento económico y al desarrollo, como los factores centrales que contribuyen a la inseguridad. Los autores analizan los vínculos entre pobreza, desarrollo y degradación ambiental utilizando ilustraciones tanto del norte como del Sur para diagnosticar los problemas causados por el incremento del militarismo. Además se preguntan por qué los gobiernos del Norte siguen políticas que exacerban las tensiones Norte-Sur. Proponen medidas políticas alternativas para la desmilitarización, el desarrollo sostenible y la gestión del medio ambiente.

Martha Thompson, "Empowerment and Survival: Humanitarian Work in Civil Conflict", *Development in Practice* vol. 6, número 4 (noviembre de 1996) y volumen 7, número 1 (febrero de 1997)

Este artículo, dividido en dos partes, explora la experiencia de vida y de trabajo para una ONG internacional en una guerra civil cuyas raíces se encuentran en la desigual distribución del poder y la riqueza. Basándose en sus 12 años de trabajo en Centroamérica, la autora reflexiona sobre las demandas y las limitaciones que impone una guerra de contrainsurgencia sobre los trabajadores de

la ayuda, y cómo ello da forma a las relaciones con las organizaciones locales y las ONG. Se examina el empoderamiento y la participación desde la perspectiva de gente que rehusa ser víctima de la guerra. En la segunda parte, la autora examina el impacto de la guerra y la violencia política, tanto en los que sobreviven como en los trabajadores locales e internacionales que están preocupados por sus causas y sus consecuencias.

UN Centre for Human Rights, *The Human Rights Fact Sheet Series*, Ginebra /Disponible en inglés y en francés)

Estos folletos tratan cuestiones de derechos humanos que están bajo activa consideración o son de particular interés. La serie, que comprende más de 20 títulos, ofrece un buen recuento de los derechos humanos básicos, qué está haciendo Naciones Unidas para promoverlos y protegerlos, y de la maquinaria internacional disponible para ayudar a que estos derechos sean asumidos. Los títulos más relevantes incluyen *The International Bill of Human Rights*; *Advisory Services and Technical Assistance in the Field of Human Rights*; *Methods of Combating Torture*; *Enforced or Involuntary Disappearances*; *Summary of Arbitrary Executions*; *International Humanitarian Law and Human Rights*; *The Committe against Torture*, y *Human Rights and Refugees*.

UNESCO, *Non-military Aspects of International Security*. París: UNESCO, 1995

Con la finalización de la Guerra Fría, no se puede asegurar la seguridad y la estabilidad genuina sin abordar problemas de carácter no militar, en particular aquellos que se refieren a la protección del medio ambiente, el desarrollo económico y social, la prevención de la discriminación y las violaciones de los derechos humanos, y la exclusión y la pobreza extrema. El libro considera las nuevas formas de seguridad nacional, regional e internacional que serían compatibles con la aspiración por un mundo en el que se cumplan los ideales de democracia, derechos humanos y desarrollo.

UNHCR, *The State of the World's Refugees*. (anual) [Existe edición en castellano: ACNUR, *La situación de los refugiados en el mundo*. Madrid. ACNUR]

Informe anual que examina las dificultades de las

personas desplazadas y analiza la cambiante res-puesta mundial a las migraciones forzadas. Contiene estadísticas actualizadas, junto con apéndices que aportan detalles sobre el trabajo de ACNUR, los instrumentos internacionales y su significación, y una bibliografía. Los informes recientes se han titulado, por ejemplo, "El desafío de la protección" (1993), o "En busca de solucio-nes" (1995).

UNRISD, *States of Disarray: The Social Effects of Globalization.* Ginebra: UNRISD, 1995 (Disponible en inglés, francés y español. en éste último caso con el título *Estados de desorden: los efectos sociales de la globalización*)
Un examen comprehensivo de los problemas con-temporáneos que a menudo subyacen en los con-flictos violentos y forman, por ello, el contexto de las emergencias complejas y de la reconstrucción de postguerra. Incluyen la pobreza, el desempleo, la desigualdad y la delincuencia organizada, así como la cada vez menor responsabilidad de las ins-tituciones públicas. La Primera Parte analiza el impacto de la globalización en el empobrecimien-to, las desigualdades, la inseguridad laboral, el debilitamiento de las instituciones y los sistemas de apoyo social, y la erosión de las identidades y valores. La Segunda Parte explora estos procesos en relación con la delincuencia, las drogas, los conflictos étnicos y la reconstrucción de postgue-rra. La Tercera Parte contempla el impacto de las principales fuerzas que conforman las sociedades contemporáneas en el entorno político y en diver-sas instituciones, subrayando los vínculos exis-tentes entre la inseguridad y los conflictos sociales, incluyendo el auge de movimientos extremistas.

UNRISD, *Ethnic Violence, Conflict Resolution and Cultural Pluralism.* Ginebra: 1995
Es un informe sobre un seminario sobre etnicidad y conflicto étnico celebrado en 1994. Dado que la etnicidad tiende a hacerse más destructiva cuando se encuentra amenazada, reducir la tensión depende de la protección de los derechos ciu-dadanos para formar lealtades étnicas, y no de reprimir dichos derechos. Esto no implica que se apoyen políticas que afiancen la etnicidad en las estructuras sociales y políticas. La etnicidad evo-luciona, y algunos rasgos pierden significación, al tiempo que aparecen otros nuevos.
Dadas las limitaciones de las intervenciones de terceros en los conflictos étnicos, el informe ana-liza enfoques políticos para facilitar el acuerdo en sociedades caracterizadas por la diversidad étnica. Para promover relaciones pacíficas, todos los gru-pos necesitan un interés compartido en la sociedad en su conjunto. No se puede forzar el sentido de identidad cívica en la gente: tiene que ser adopta-do libremente. Es muy probable que lo haga así cuando en su sociedad se respetan y se satisfacen las necesidades de todos y cada uno de sus inte-grantes, incluyendo el sentido de identidad étnica.

Thomas G. Weiss y Larry Minear (eds.), *Humanitarianism Across Boders: Sustaining Civilians in Times of War.* Boulder (Co.) y Londres: Lynee Rienner, 1993
Segundo de los tres libros del proyecto sobre gue-rra y humanitarismo, este volumen se dirige tanto a las organizaciones humanitarias como al público interesado. Incluye los trabajos de nueve autores que examinan valores, el uso de la fuerza militar, y las formas futuras de las instituciones humanitarias.

Aristide R. Zolberg, Astri Suhrke y Sergio Aguayo, *Escape from Violence: Conflict and the Refugee Crisis in the Developing World.* Oxford y Nueva York: Oxford University. Press, 1989
Este libro proporciona tanto un marco teórico para la comprensión del fenómeno de los refu-giados, como un estudio de los movimientos de refugiados en Asia, África y Centroamérica. A partir de la definición de los refugiados como personas "con un temor fundamentado a la vio-lencia", se los clasifica en tres categorías: acti-vistas, objetivos y víctimas. Los dos primeros suelen ser capaces por lo general de reclamar el estatus de refugiados, pero a las "meras" vícti-mas se les niega a menudo la protección interna-cional. La extendida violación de los derechos humanos fundamentales por parte de los gobier-nos es la principal causa de las migraciones for-zadas, y deber ser abordada como tal por la comunidad internacional.

Revistas

DHA News (ISSN: 1020-2609)
Publicada cinco veces al año por el anterior Departamento de Asuntos Humanitarios de Naciones Unidas. Aborda cuestiones relativas al suministro de asistencia humanitaria, particular-mente en situaciones de conflicto. El número de

mayo-junio de 1995, por ejemplo, titulado "Focus: Aid under Fire", muestra cómo la distinción entre socorros y desarrollo es cada vez más confusa en la práctica, y los trabajadores de las ONG necesitan habilidades de evaluación y de negociación conforme se enfrentan a situaciones de violencia y de rapiña. En la medida que las ONG se encuentran en la vanguardia de la asistencia en las emergencias complejas, estas mismas se enfrentan a una crisis de profesionalidad y de mantenimiento de la integridad (y la credibilidad) en el creciente mercado del humanitarismo.

Disasters: The Journal of Disaster Studies and Management (ISSN: 0361-3666). Editora: Joanna Macrae, Overseas Development Institute (ODI), Reino Unido
Revista para la investigación sobre los desastres, la vulnerabilidad, y la gestión de los socorros y las emergencias. El alcance de la revista se extiende desde los desastres asociados a riesgos naturales, como los terremotos y las sequías, hasta las emergencias complejas relacionadas con los conflictos.

Gender and Development (ISSN: 1355-2074). Publicación cuatrimestral de Oxfam Gran Bretaña. Editora: Caroline Sweetman
Cada número se centra en un tema específico en relación con las iniciativas de género y desarrollo, y también se publica por separado como libro. *Women and Emergencies* (1994) y *Women and Conflict* (1993) exploran las experiencias de las mujeres en situaciones de crisis, incluyendo los conflictos políticos y militares.

Journal of Humanitarian Assistance (ISSN: 1360-0222). Editores: Jim Whitman y Chris Alden. Revista electrónica publicada en la Universidad de Cambridge, en http://www-jha.sps.cam.ac.uk/ (no hay disponible una versión impresa)
Reúne a académicos, a los que formulan las políticas y a los que actúan en el terreno en el ámbito de la asistencia humanitaria. Pretende ser un medio para el debate político, para compartir las lecciones aprendidas, y para promover la cooperación dentro y entre las diferentes profesiones que se relacionan con las variadas facetas de este trabajo. Abarca todos los aspectos de la acción humanitaria, desde la alerta temprana hasta el suministro de asistencia, pasando por la construc-

ción de la paz tras el conflicto y la transición al desarrollo.

Journal of Peace Research (ISSN: 0022-3433). Publicada trimestralmente por SAGE en nombre del International Peace Research Institute de Oslo. Editores: Nils Peter Gleditsch y Malvern Lumsden.
Con un enfoque global sobre el conflicto y la realización de la paz, la revista se concentra en las causas de la violencia y en enfoques prácticos para la resolución de conflictos.

Journal of Refugee Studies (ISSN: 0951-6328). Publicada trimestralmente por Oxford University Press. Editor: Roger Zetter
Revista multidisciplinaria dedicada a la exploración académica de los problemas de las migraciones forzadas y de las respuestas nacionales e internacionales frente a ellas. Promueve el desarrollo teórico de los estudios sobre refugiados, nuevas perspectivas sobre poblaciones refugiadas, y la reevaluación de las concepciones, las políticas y las prácticas actuales.

Proyectos de investigación y organizaciones relevantes

African Rights
Trabaja en cuestiones relativas a los abusos de los derechos humanos, los conflictos, el hambre y la reconstrucción civil en África. Cree que las soluciones a los problemas de las necesidades de las emergencias humanitarias, la reconstrucción política y la responsabilidad, deben ser buscadas, principalmente entre los africanos; y que el papel de las organizaciones internacionales debería ser, sobre todo, el de apoyar los propios intentos de los africanos para enfrentarse a estas cuestiones.

Hemispheric Migration Project (HMP)
Directora del Proyecto: Mary Ann Larkin
Patrocinado por el Centre for Inmigration Policy and Refugee Assistance (CIPRA) de la Universidad de Georgetown, el HMP apoya la investigación sobre refugiados y migrantes laborales en América. Alienta la investigación sobre los refugiados y las migraciones en los países de origen, y publica los resultados para informar a los que formulan políticas tanto en el país de origen como en el de destino. Entre sus publicacio-

nes se incluyen *From the Shadows to Center Stage: NGOs and Central American Refugee Assistance* (Sergio Aguayo, 1991); *Assistance and Control: Policies Toward Internally Displaced Populations in Guatemala* (AVANCSO, 1990) [Existe edición en español: Asociación para el Avance de las Ciencias Sociales en Guatemala (AVANCSO), *Política institucional hacia el desplazado interno en Guatemala*. Guatemala: 1990]; *Refugee Policy Challenges: The Case of Nicaraguans in Costa Rica* (M. Ramírez, 1989); *Central Americans in Mexico: Uprooted and Silenced* (L. O'Dogherty, 1989).

Humanitarianism and War: Learning the Lessons of Recent Armed Conflicts

Directores del Proyecto: Larry Minear y Thomas G. Weiss

Un importante proyecto que valora cómo las ONG y las organizaciones multilaterales podrían mejorar su respuesta frente a la devastación que se deriva de la guerra. Lanzado en 1991, está patrocinado por el Instituto Thomas J. Watson Jr. para los estudios Internacionales de la Universidad de Brown, y cuenta con el apoyo de muchos gobiernos, de organizaciones de Naciones Unidas y de ONG. Centrado en "el interfaz entre la teoría y la práctica", el proyecto ha publicado una prodigiosa gama de materiales, que van desde manuales de campo a documentos de política de alto nivel, y desde artículos de periódicos hasta publicaciones académicas.

Human Rights Watch (HRW)

Haciendo responsables a los gobiernos si violan los derechos de su población, HRW lleva a cabo detalladas investigaciones sobre las violaciones de los derechos humanos en unos 70 países, independientemente de ideologías y alineamientos políticos, o de sus creencias étnicas o religiosas. HRW documenta y denuncia los asesinatos, las desapariciones, la tortura, el encarcelamiento arbitrario, la discriminación y otras violaciones de los derechos humanos reconocidos internacionalmente.

International Alert

ONG comprometida con la investigación sobre las causas de los conflictos violentos, la capacitación en habilidades de mediación y negociación, y que aboga por el convencimiento de quienes formulan políticas de la conveniencia de dedicarse a la prevención y la resolución de los conflictos. International Alert también cuenta con programas regionales y para ciertos países en África Occidental y Oriental y en el Sur de Asia.

Comité Internacional de la Cruz Roja (CICR)

La función del CICR es proteger y asistir a las víctimas de la guerra y el conflicto internacional y de la guerra civil. Los Convenios de Ginebra y sus Protocolos Adicionales reconocen al CICR como una organización humanitaria neutral. Dichos textos otorgan a los delegados del CICR la autoridad para visitar a las personas protegidas, como los prisioneros de guerra o los civiles internados. Sus operaciones se llevan a cabo de forma confidencial, y cualquier violación de los derechos humanos detectada se eleva en privado a las autoridades competentes. El singular mandato del CICR hizo de que esta organización fuera, en su momento, una de las pocas que trabajaban en situaciones de conflicto armado. Sin embargo, el rápido crecimiento de las ONG humanitarias, así como la naturaleza de la guerra contemporánea, están cambiando esta situación. El CICR tiene un papel primordial en el desarrollo del Derecho Internacional Humanitario, y cuenta con una amplia gama de publicaciones en inglés y en francés.

Comité Central Menonita (CCM)

Organización de servicios de socorro y desarrollo de las Iglesias Menonitas de los Hermanos en Cristo de América del Norte, que trabaja en el desarrollo a largo plazo en más de cincuenta países, y considera que la construcción de la paz y la educación para la paz son un componente central de todo su trabajo. La Oficina de Paz del CCM, con sede en Estados Unidos, es una fuente de recursos para los trabajadores del CCM en todo el mundo, y como enlace con las Naciones Unidas.

Minority Rights Group

Publica informes fidedignos sobre las minorías en todo el mundo, y sobre muchas cuestiones relevantes para las situaciones de crisis y de emergencia, como por ejemplo *Minorities and Human Rights Law*; *International Action against Genocide*, y *The Social Psychology of Minorities*.

Quaker Peace and Service (QPS)

Secretario General: Andrew C. Clark

QPS, con sede en Londres, apoya programas de largo plazo mediante el envío de personal experimentado que contribuye a la reconciliación a todos los niveles, en ocasiones trabajando con las víctimas de la guerra y la violencia. QPS trabaja con Naciones Unidas en los ámbitos del desarme, los derechos humanos, los refugiados y el desarrollo económico, a través de su personal en Ginebra. También trabaja con quienes toman decisiones, sean éstos diplomáticos, políticos o financiadores, de forma extraoficial y como intermediarios, con el objeto de alentar la resolución pacífica de los conflictos. En circunstancias especiales QPS lleva a cabo acciones de reconciliación y de comunicación no oficial entre bandos opuestos en una guerra.

Refugee Policy Group (RPG)
Un centro independiente de investigación y análisis político sobre los refugiados y sobre cuestiones humanitarias conexas, que publica informes y resúmenes políticos detallados, y que alberga un amplio centro de documentación sobre cuestiones relativas a las personas refugiadas y desplazadas. De particular interés es *Strengthening International Protection for Internally Displaced Persons* (1993).

Refugee Studies Programme (RSP)
Director del Programa: David Turton
El Programa de Estudios de los Refugiados forma parte del Centro Internacional de Desarrollo de la Universidad de Oxford. Establecido en 1982, el objetivo del RSP es aumentar el conocimiento sobre las causas, las consecuencias y las experiencias de las migraciones forzadas mediante investigación multidisciplinaria, enseñanza, publicaciones, seminarios y conferencias. Independiente respecto a gobiernos y organizaciones de asistencia, RSP proporciona un foro para la discusión entre refugiados, investigadores, profesionales y políticos.

Relief and Rehabilitation Network
Parte del programa de Socorros y Desastres del Overseas Development Institute (ODI), que combina actividades de investigación, evaluación y comunicación en colaboración con una amplia gama de organizaciones académicas, multilaterales, bilaterales y ONG asociadas. La red sirve a unos 300 miembros en más de 50 países, la mayor parte de ellas con sede en el terreno. Los envíos se realizan en inglés y francés, y los miembros pueden obtener asesoramiento sobre problemas técnicos y operacionales tanto del ODI como de la red misma.

Saferworld
Think-tank de política internacional independiente y grupo de educación pública que se formó para alertar a los gobiernos sobre la necesidad de adoptar nuevos enfoques para tratar los conflictos armados. Saferworld se centra en la identificación de las cuestiones clave sobre las que es posible actuar, y se nutre de la colaboración de una amplia gama de personas, desde líderes políticos hasta los miembros más conscientes del público, con el objeto de generar soluciones creativas.

War-torn Societies Project, UNRISD y Programme for Strategic and International Security Studies (PSIS)
Director del Proyecto: Matthias Stiefel
Analiza la experiencia de transformar un frágil alto el fuego en un acuerdo político duradero que pueda proporcionar las bases para un desarrollo sostenible. Gran parte de la investigación se lleva a cabo por equipos situados en el país mismo, coordinados a través de Ginebra. El proyecto pretende identificar opciones políticas para los donantes internacionales, las organizaciones multilaterales, las ONG y las autoridades y las organizaciones locales que están tratando de resolver estos problemas; y contribuye a integrar la asistencia internacional —económica, humanitaria, política y militar— dentro de un marco político coherente. Produce diversas publicaciones, incluyendo *After the Conflict: A review of selected sources or rebuilding war-torn societies* (1995), compilado por Patricia Weiss-Fagen.

Direcciones de las editoriales y de otras organizaciones mencionadas

African Rights, 11 Marshalsea Road, London SE1 1EP, UK

CIIR (Catholic Institute for International Relations), Unit 3, Canonbury Yard, 109a New North Road, London N1 7BJ, UK

Centre for Inmigration Policy and Refugee Assistance (CIPRA), Georgetown University, PO Box 2298-Hoya Station, Washington DC 20057-1001, USA

Collaborative for Development Action Inc, 26 Walker Strcet, Cambridge MA 02138, USA

United Nations, Department of Humanitarian Affairs, Palais des Nations, 1211 Geneva, Switzerland

Earthscan Publications, 120 Pentonville Road, London Nl 9JN, UK

Humanitarianism and War Project, Thomas J. Watson Jr. Institute for International Studies, Brown University, Box 1970, 2 Stimson Avenue, Providence, RI 02912, USA

Human Rights Watch, 485 Fifth Avenue, New York NY 10017-6014, USA

International Alert, 1 Glyn Street, London SE11 5HT, UK

International Council of Voluntary Agencies (ICVA), Case Postale 216, 1211 Geneva 21, Switzerland

International Committee of the Red Cross, 19 avenue de la Paix, 1202 Geneva, Switzerland

International Peace Rescarch Institute, Fuglehauggata 11, 0260 Oslo, Norway

Latin America Bureau, 1 Amwell Street, London EClR 1UL,UK

Mennonite Central Commnitte, 21 South 12th Street, PO Box 500, Akron PA 17501-0500, USA

Minority Rights Group, 379 Brixton Road, London SW9 7DE,UK

OECD, 2 rue André Pascal, 75775 Paris, Cedex 16, France

Overseas Development Institute, Regent's College, Inner Circle, Regent's Park, London NW1 4NS, UK

Oxfam Publishing, 274 Banbury Road, Oxford OX2 7DZ, UK

Oxford University Press, Walton Street, Oxford OX2 6DP, UK

Quaker Peace and Service, Friends House, Euston Road, London NW1 2BJ, UK

Refugee Policy Group, 1424 16th Street NW, Suite 401, Washington DC 20036, USA

Refugee Studies Programme, Queen Elizabeth House, 21 St Giles, Oxford OX1 3LA, UK

Lynne Rienner Publishers, 1800 30th St, Boulder, Colorado 80301, USA

St Martin's Press, 175 5th Avenue, New York NY10010, USA

Saferworld, 33 Alfred Place, London WC1E 7DP, UK

Sage Publications, 6 Bonhill Street, London EC2A 4PU, UK

Save the Children Fund, 17 Grove Lane, London SE5 8RD, UK

The Fletcher School of Law and International Diplomacy, Program in International and US

Refugee Policy, Tufts University, Medford, Massachussets 02155, USA

UN Centre for Human Rights, UN Office at Geneva, 8-14 avenue de la Paix, 1211 Geneva 10, Switzerland

UNESCO, 7 Place de Fontenoy, 75372 Paris, France

UNHCR, Centre William Rappard, 154 rue de Lausanne, 1202 Geneva, Switzerland

UNRISD, Palais des Nations, 1211 Geneva, Switzerland

UN University Press, Toho Shimei Building, 15-1 Shibuya 2-chome, Shibuya-ku, Tokyo 150, Japan

United States Institute of Peace Press, 1550 M Street NW, Washington DC 20005, USA

Vietnan Veterans of America Foundation, 2001 S Street NW, Suite 740, Washington DC, USA

Washington Office on Latin America (WOLA), 110 Maryland Avenue NE, Washington DC 20002, USA

Westview Press, 5500 Central Avenue, Boulder, Colorado 80301-2877, USA

The World Peace Foundation, 1 Eliot Square, Cambridge MA 02138-4952, USA

Zed Books, 9 Cynthia Street, London NI 9JF, UK

PUBLICACIONES DEL CIP
Y DE LA FUNDACION HOGAR DEL EMPLEADO

El centro cuenta con un gran número de publicaciones dirigidas a ONG, periodistas, universitarios, educadores y a todas aquellas personas interesadas en conflictos, desarrollo y ecología desde un planteamiento global.

La Fundación Hogar del Empleado realiza tareas en cuestiones educativas, económicas, ecológicas y auspicia El Centro de Investigación para la Paz y un Centro de Documentación Especializado.

Revistas:

Papeles de cuestiones internacionales. Publicación trimestral sobre seguridad, conflictos, desarrollo, género y medio ambiente.
Ecología política: Revista semestral sobre temas ecológicos, movimientos sociales y alternativos.

Anuarios:

Anuario CIP. Libro de consulta sobre conflictos internacionales y política exterior y de defensa española.

La situación del mundo. Anuario sobre el estado actual del medio ambiente y desarrollo; traducción del informe del Worldwatch Institute de Washington.

Colecciones:

Guías didácticas de educación para el desarrollo. Colección de carácter divulgativo y educativo sobre los conflictos, el desarrollo, la solidaridad y la paz.

Colección de economía crítica. Libros sobre economía global, desarrollo, cuestiones sociales.

Informes del Observatorio de Conflictos. Documentos de información y análissi sobre países y regiones del mundo afectados por enfrentamientos armados.

Para solicitar el catálogo de publicaciones y/o información dirigirse a:

Fundación Hogar del Empleado
Centro de Investigación para la Paz
Duque de Sesto 40
28009 Madrid

Tel. 00.34.91.431.02.80
Correo electrónico: cip@fuhem.es

PUBLICACIONES DE OXFAM

Oxfam (Reino Unido) publica un gran número de libros, manuales, revistas y recursos para especialistas, académicos, universitarios, y el público en general. Si desea recibir un catálogo puede solicitarlo a:

Oxfam Publishing
274 Banbury Road
Oxford OX2 7DZ
Reino Unido

Tel. 00.44.1865 313922
Correo electrónico: publish@oxfam.org.uk